AF283856

Word avanzado 365

Beatriz Coronado García

Word avanzado 365
© Beatriz Coronado García

1ª Edición

© IC Editorial, 2026

Editado por: IC Editorial
c/ Cueva de Viera, 2, Local 3
Centro Negocios CADI
29200 Antequera (Málaga)
Teléfono: 952 70 60 04
Fax: 952 84 55 03
Correo electrónico: iceditorial@iceditorial.com
Internet: www.iceditorial.com

IC Editorial ha puesto el máximo empeño en ofrecer una información completa y precisa. Sin embargo, no asume ninguna responsabilidad derivada de su uso, ni tampoco la violación de patentes ni otros derechos de terceras partes que pudieran ocurrir. Mediante esta publicación se pretende proporcionar unos conocimientos precisos y acreditados sobre el tema tratado. Su venta no supone para **IC Editorial** ninguna forma de asistencia legal, administrativa ni de ningún otro tipo.

Reservados todos los derechos de publicación en cualquier idioma.

Cualquier forma de reproducción, distribución, comunicación pública o transformación de esta obra solo puede ser realizada con la autorización de sus titulares, salvo excepción prevista por la ley. Dirijase a CEDRO (Centro Español de Derechos Reprográficos) si necesita fotocopiar o escanear algún fragmento de esta obra (www.cedro.org).

Según el Código Penal, el contenido está protegido por la ley vigente que establece penas de prisión y/o multas a quienes intencionadamente reprodujeren o plagiaren, en todo o en parte, una obra literaria, artística o científica.

ISBN: 979-13-7027-174-9
Depósito Legal: MA 427-2026

Impresión: PODiPrint
Impreso en Andalucía – España

Nota de la editorial: IC Editorial pertenece a Innovación y Cualificación S. L.

Índice

OBJETIVOS GENERALES

Los objetivos generales del título **Word avanzado 365,** son los siguientes:

- Crear índices y tablas de contenido.
- Trabajar con documentos maestros.
- Crear y utilizar tablas en Word vinculadas con tablas de *Excel.*
- Utilizar hipervínculos, direcciones URL, rutas UNC, *mailto,* etc.
- Automatizar la creación de documentos, utilizar marcadores y campos. Referencias cruzadas.
- Crear plantillas.
- Combinar correspondencia.
- Grabar y usar macros.

Herramientas avanzadas de estructuración y vinculación en Word

Contenido

1. Introducción
2. Crear índices y tablas de contenido
3. Trabajar con documentos maestros
4. Crear y utilizar tablas en Word vinculadas con *Excel*
5. Utilizar hipervínculos, URL, rutas UNC y *mailto*
6. Resumen

Objetivos

Los objetivos generales de esta Unidad de Aprendizaje son:

→ Crear índices y tablas de contenido.

→ Trabajar con documentos maestros.

→ Crear y utilizar tablas en Word vinculadas con tablas de *Excel*.

→ Utilizar hipervínculos, direcciones URL, rutas UNC, *mailto,* etc.

Los objetivos específicos de esta Unidad de Aprendizaje son:

→ Identificar los estilos necesarios para generar índices automáticos.

→ Conocer cómo insertar tablas de contenido en documentos extensos.

→ Actualizar los índices según las necesidades del documento.

→ Dividir un documento largo en subdocumentos organizados.

→ Aprender a gestionar capítulos en un documento maestro.

→ Insertar tablas procedentes de *Excel* mediante vínculos.

→ Configurar la actualización automática de los datos vinculados.

→ Saber cómo crear hipervínculos internos y externos.

1. Introducción

En los documentos profesionales, especialmente cuando son extensos o reúnen información técnica, ya no basta con aplicar formatos básicos o escribir el contenido de forma lineal. Para que un documento sea claro, navegable y fácil de actualizar, Word ofrece herramientas avanzadas que permiten estructurar la información, vincular datos externos y conectar distintos elementos dentro del propio archivo.

En esta unidad aprenderás a trabajar con estilos para generar índices automáticos, a insertar tablas de contenido dinámicas y a dividir documentos largos en subdocumentos organizados mediante documentos maestros. También descubrirás cómo vincular tablas de *Excel* para mantener datos siempre actualizados y cómo crear hipervínculos, rutas UNC o enlaces *mailto* para mejorar la navegación y la integración con otros recursos.

Para ello, seguiremos a Alexandra, una profesional que trabaja a diario con documentos complejos: informes corporativos, manuales extensos, proyectos que requieren datos conectados y archivos colaborativos que cambian constantemente. A lo largo del aprendizaje, veremos cómo sus dificultades iniciales se transforman en fluidez gracias al uso de índices automáticos, documentos maestros, vínculos con *Excel* e hipervínculos avanzados.

2. Crear índices y tablas de contenido

☞ HILO CONDUCTOR

Alexandra trabaja en una asesoría y debe preparar un informe extenso para un cliente. El documento supera las 40 páginas y contiene secciones, anexos y múltiples apartados. Cada vez que modifica un título, tiene que actualizarlo todo manualmente y revisar que la numeración coincida, lo que le lleva mucho tiempo. Tras varias revisiones, su tutora le muestra que Word puede generar índices automáticos siempre que los títulos estén estructurados con estilos.

Trabajar con documentos extensos requiere una estructura clara que facilite la lectura, la navegación y la actualización. Para lograrlo, Word incorpora herramientas que permiten generar **índices automáticos** a partir de los **estilos** aplicados en los títulos. Esto no solo ayuda a mantener un orden coherente, sino que convierte el documento en un material más profesional y fácil de consultar.

Crear y actualizar una **tabla de contenido** evita tener que modificar manualmente cada apartado o número de página, especialmente cuando el documento crece o se reorganiza. Estas herramientas permiten ahorrar tiempo, mejorar la precisión y garantizar que cualquier cambio en el contenido se refleje de forma inmediata en el índice.

2.1. Identificar los estilos necesarios para generar índices automáticos

Para que un documento pueda generar un índice de forma automática, es necesario que sus títulos estén correctamente estructurados mediante **estilos.**

Los estilos son formatos predefinidos que indican a Word qué partes del texto son títulos principales, subtítulos o apartados específicos.

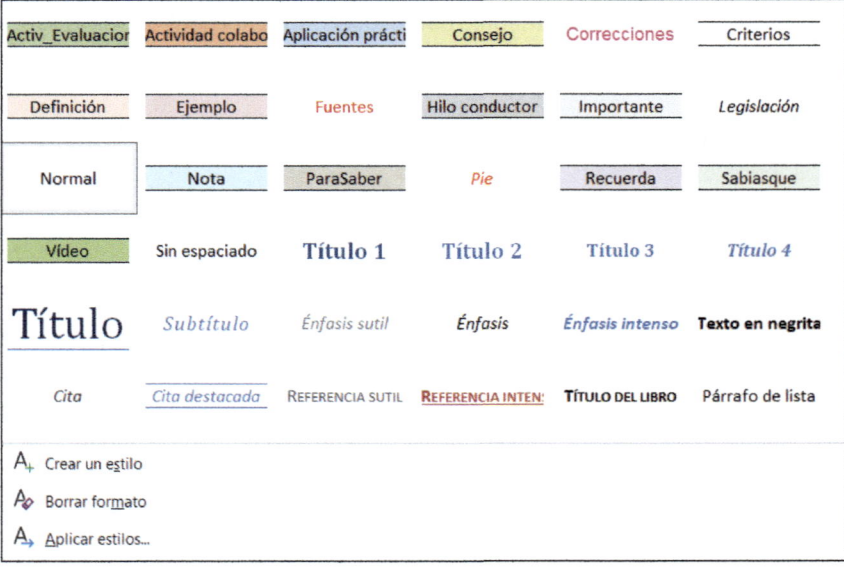

Los estilos personalizados permiten aplicar formatos coherentes en todo el documento con un solo clic.

Los estilos más utilizados para crear un índice son:

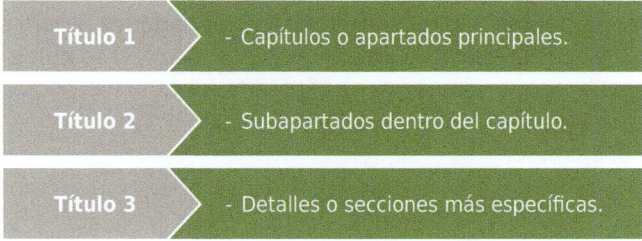

Título 1 - Capítulos o apartados principales.

Título 2 - Subapartados dentro del capítulo.

Título 3 - Detalles o secciones más específicas.

👁 EJEMPLO

Si un documento tiene los apartados "Introducción", "Método de trabajo" y "Conclusiones", estos deben llevar el estilo Título 1.

Si dentro de "Método de trabajo" aparece un apartado llamado "Materiales", este sería un Título 2.

- -

Aplicar estos estilos **marca la jerarquía del contenido,** permitiendo que Word lo reconozca y lo incluya después en la **tabla de contenido.**

Preparar la estructura del documento antes de generar el índice

Para generar una tabla de contenido automática en Word, es necesario preparar primero la estructura del documento. Esto implica decidir qué partes funcionarán como títulos, aplicar los estilos apropiados y comprobar que la organización del texto es coherente.

Una vez completados estos pasos, Word podrá reconocer correctamente cada nivel del contenido y construir un índice claro, ordenado y fácil de actualizar:

1. **Preparar el documento: qué partes irán al índice.** Antes de tocar Word, decide:

   ◉ Qué será título principal (capítulos, apartados grandes).
   ◉ Qué será subtítulo (secciones dentro de cada capítulo).
   ◉ Si necesitas un tercer nivel (apartados aún más pequeños).

   Por ejemplo:

   ◉ Introducción → Título 1
   ◉ Objetivos → Título 2
   ◉ Objetivos generales → Título 3

   Solo lo que lleve estos estilos podrá aparecer en la tabla de contenido.
2. **Aplicar estilos de título.** Coloca el cursor sobre la línea del título que quieras marcar.
   Ve al grupo **Estilos** de la cinta (como en tu imagen).
   Aplica:

   ◉ Título 1 a los capítulos principales.
   ◉ Título 2 a los subapartados.
   ◉ Título 3 si necesitas un nivel más.

   Si no ves los estilos, haz clic en la flechita de la esquina del cuadro **Estilos** o en el botón desplegable para ver la lista completa.
   Repite este proceso con todos los títulos del documento.
   Aunque tú luego cambies color, tamaño o fuente, lo importante es que el texto conserve el estilo Título 1/2/3. Esa etiqueta es la que Word usa para el índice.
3. **Comprobar que la estructura está bien.** Opcional, pero muy útil:
   Abre el panel **Navegación:**
   Vista → Mostrar → panel Navegación
   En la pestaña **Encabezados,** verás una lista con todos los títulos.
   Si están ordenados y con niveles correctos (Título 1, Título 2, etc.), significa que el documento está listo para crear el índice.

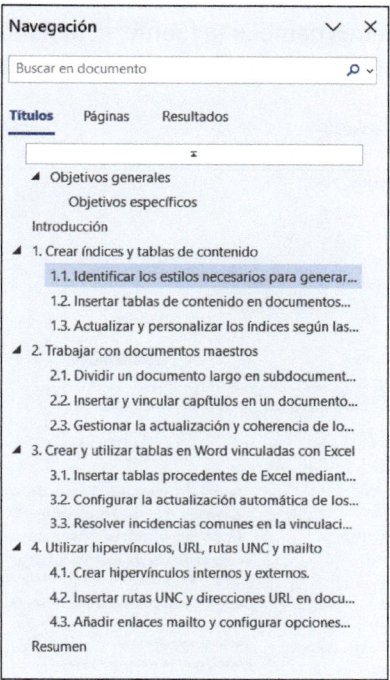

*El panel **Navegación** facilita moverse por el documento a través de los títulos estructurados.*

Modificar y personalizar los estilos

Modificar un estilo es útil porque todo lo que cambies aquí se aplicará automáticamente a **todas las partes del documento que usen ese estilo,** lo que ahorra tiempo y mantiene una apariencia uniforme.

La pestaña **Modificar estilo** en Word aparece al hacer clic derecho sobre el estilo y seleccionar **Modificar:**

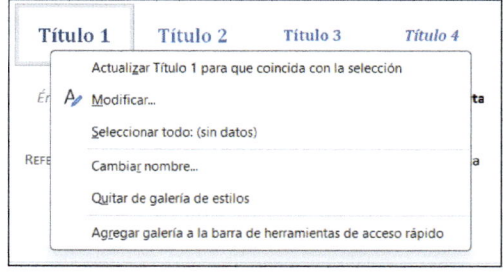

El menú contextual permite actualizar, modificar o gestionar cualquier estilo de título.

Desde aquí, puedes cambiar la fuente, el tamaño, el color, el espaciado, la alineación y otros parámetros que afectan a cómo se verá cada título en el documento:

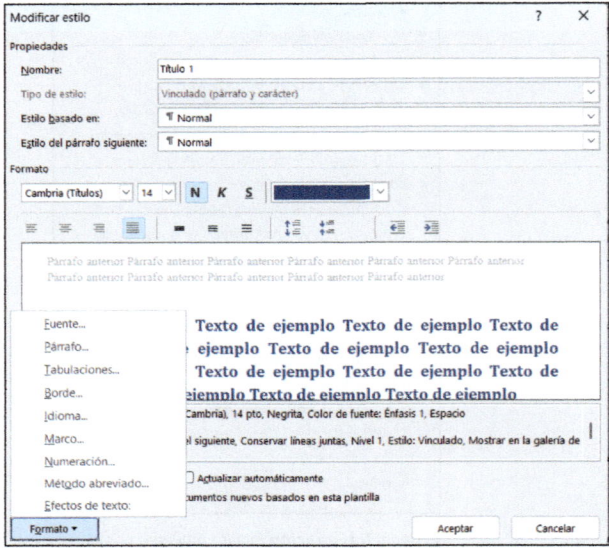

La ventana **Modificar estilo** ofrece opciones completas para personalizar formato, fuente y espaciado.

Los **elementos** principales son los siguientes:

➲ **Nombre del estilo:**

  ◑ Indica el estilo que estás modificando (por ejemplo, Título 1).
  ◑ Cualquier cambio afectará a todos los textos con ese estilo.

➲ **Tipo de estilo:**

  ◑ Normalmente aparecerá como Vinculado (párrafo y carácter), lo que significa que se aplicará tanto al formato del párrafo como al texto.

⮞ **Estilo basado en:**

◖ Muestra en qué estilo está inspirado el actual.
◖ Por ejemplo, Título 1 puede estar basado en Normal, pero con una fuente y un tamaño propios.

⮞ **Estilo del párrafo siguiente:**

◖ Permite decidir qué estilo se aplicará automáticamente al pulsar [Enter] después de un título.
◖ Normalmente se deja en Normal.

El botón **Formato** (abajo a la izquierda) despliega un menú con todas las opciones avanzadas: **Fuente, Párrafo, Tabulaciones, Borde, Idioma, Marco, Numeración, Método abreviado, Efectos de texto...**

La función de cada una es:

Fuente	- Color, tamaño, estilo (negrita, cursiva).
Párrafo	- Espaciado antes y después, sangrías, interlineado.
Numeración	- Aplicar números automáticos a los títulos (importante para índices).
Efectos de texto	- Sombras, contornos, estilos decorativos, etc.

La ventana **Numeración** es fundamental cuando se trabaja con títulos que formarán parte de un índice, porque permite decidir cómo se numerarán los capítulos y sus subapartados:

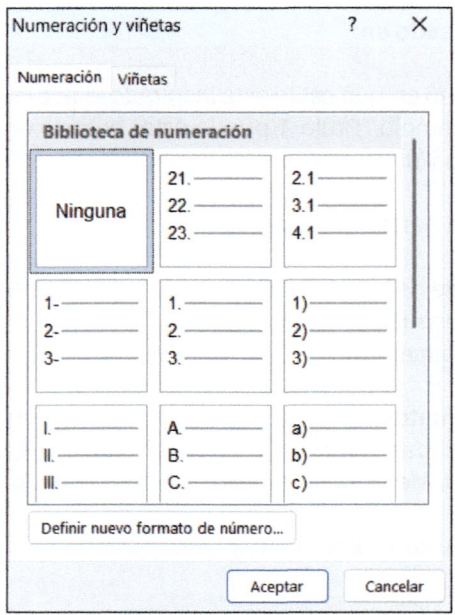

El panel Numeración permite elegir distintos estilos de listas numeradas y personalizar su formato.

Word utiliza esta numeración para identificar la jerarquía del contenido y reflejarla correctamente en la tabla de contenido. Si la numeración no está configurada desde los estilos, el índice puede aparecer incompleto, desordenado o sin los niveles adecuados.

👁 EJEMPLO

Si un Título 1 usa "1, 2, 3", y un Título 2 usa "1.1, 1.2", la tabla de contenido reproducirá exactamente ese esquema, manteniendo la estructura lógica del documento.

Al aplicar numeración automática desde esta ventana, cada título recibe una estructura coherente que Word puede interpretar:

⊃ **Tipos de numeración disponibles:**

    ◖ Numeración simple → 1, 2, 3...
    ◖ Numeración multinivel → 1, 1.1, 1.1.1...
    ◖ Números romanos → I, II, III...
    ◖ Letras → a), b), c)...
    ◖ Personalización → añadir Capítulo 1, prefijos, sufijos o símbolos.

⊃ **Relación directa con el índice:**

    ◖ El índice reproduce automáticamente la numeración configurada en los estilos.
    Ejemplo:

        ↕ Título 1 → 1, 2, 3
        ↕ Título 2 → 1.1, 1.2

    ◖ Las numeraciones escritas a mano no funcionan para la tabla de contenido.
    ◖ Todos los niveles aparecen correctamente gracias a la numeración multinivel.

2.2. Insertar tablas de contenido en documentos extensos

Una vez que los títulos están organizados con estilos, Word puede generar automáticamente una **tabla de contenido,** también conocida como **índice.**

Esta tabla muestra los títulos del documento junto con su número de página y crea enlaces directos para navegar fácilmente.

Insertar una tabla de contenido es muy sencillo; se deben seguir los siguientes **pasos:**

⊃ **Paso 1.** Coloca el cursor en la parte del documento donde quieres que aparezca el índice.
⊃ **Paso 2.** Ve a la pestaña **Referencias.**
⊃ **Paso 3.** Selecciona **Tabla de contenido.**
⊃ **Paso 4.** Elige uno de los diseños automáticos que ofrece Word:

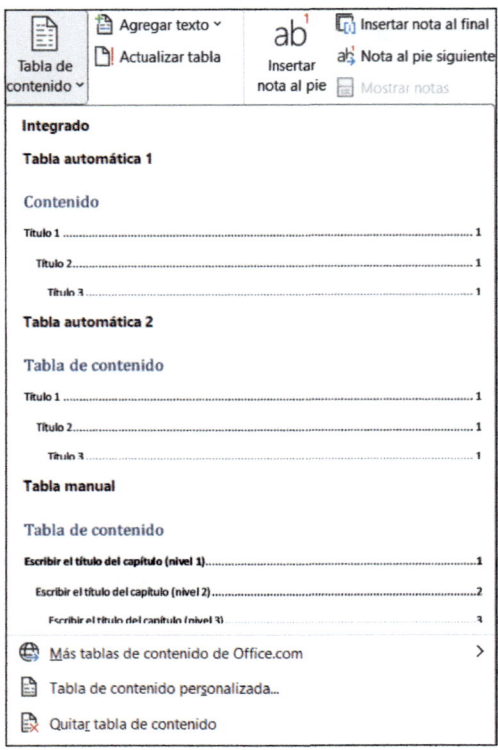

El menú Tabla de contenido permite insertar índices automáticos basados en los estilos del documento.

Word generará un índice basado en todos los estilos aplicados previamente. En un documento largo, esta herramienta facilita que cualquier persona lectora encuentre rápidamente la sección que necesita:

Contenido

La tabla de contenido generada permite visualizar y navegar rápidamente por la estructura del documento.

2.3. Actualizar y personalizar los índices según las necesidades del documento

Cuando el documento crece, se reorganiza o se corrigen títulos, la tabla de contenido puede quedar desactualizada. Word lo soluciona con la opción **Actualizar tabla,** que permite modificarla sin esfuerzo.

Los **pasos** para actualizarla son:

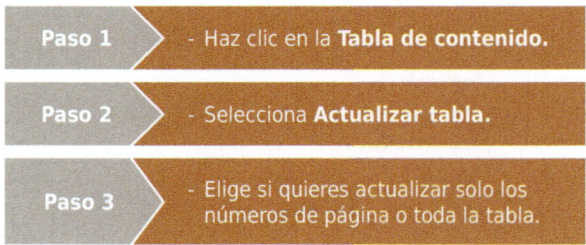

Esta función es útil cuando:

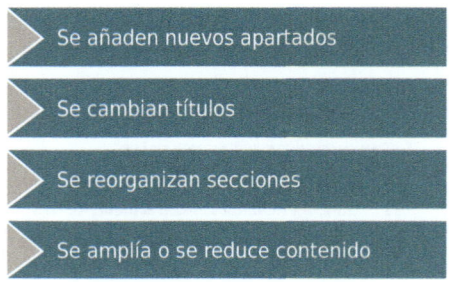

 **TAREA 1**

A continuación, tienes un texto desordenado que simula parte de un documento largo:

Introducción al proyecto
El objetivo principal del informe es presentar los resultados obtenidos durante el último trimestre.
A continuación, se muestran las áreas analizadas.
Resultados financieros
La empresa ha experimentado un crecimiento del 8 % respecto al trimestre anterior.
Metodología
Para realizar el análisis se recopilaron datos internos, informes de ventas y entrevistas.
Resultados operativos
Se detectaron mejoras en tiempos de respuesta y reducción de incidencias.
Conclusiones

Continúa en página siguiente >>

<< Viene de página anterior

Los datos indican que la empresa continúa en una tendencia positiva, con margen para implementar mejoras.
Plan de mejora
Se propone reforzar la automatización de tareas y la formación del personal.
Medidas inmediatas
Entre las acciones recomendadas se encuentran la revisión de procesos y la asignación de recursos.

Tu tarea consiste en:

- Organizar el texto identificando qué fragmentos serán Título 1, Título 2 y Título 3.
- Aplicar estilos a cada título y explicar cómo lo haces.
- Comprobar la estructura en el panel **Navegación** y explicar qué verificas.
- Insertar una tabla de contenido automática y explicar cómo la insertas.
- Añadir un nuevo apartado dentro del documento con el estilo adecuado y explicar cómo lo insertas.
- Actualizar el índice y explicar cómo realizas la actualización.

3. Trabajar con documentos maestros

 **HILO CONDUCTOR**

El equipo de Alexandra está preparando un manual corporativo. Son más de 120 páginas distribuidas en distintos capítulos, que cada miembro redacta por separado. Cada vez que reúnen los archivos en un único documento aparece algún problema: formatos que no coinciden, saltos extraños, encabezados desajustados o versiones duplicadas. Para evitarlo, aprenden a usar documentos maestros, una herramienta que permite dividir un proyecto grande en subdocumentos que se gestionan desde un archivo principal.

Cuando un archivo es demasiado largo para poder gestionarlo cómodamente, Word ofrece la posibilidad de dividirlo en **subdocumentos,** controlados desde un archivo principal llamado **documento maestro.**

NOTA

Esta estructura permite gestionar proyectos amplios sin perder coherencia visual ni organizativa.

El uso de documentos maestros resulta especialmente práctico en trabajos colaborativos o en documentos con múltiples capítulos. Permite trabajar de forma ordenada, mantener los estilos unificados y evitar errores típicos, como saltos inesperados o formatos descoordinados. De esta forma, la organización global del proyecto se vuelve más clara y eficiente.

3.1. Dividir un documento largo en subdocumentos organizados

Cuando un archivo es demasiado extenso, puede resultar complicado moverse por él, editarlo o mantener un formato uniforme. Para facilitar el trabajo, Word permite dividir el contenido en **subdocumentos,** que funcionan como partes independientes pero conectadas entre sí.

Cada subdocumento puede contener un capítulo, una sección o un bloque temático, lo que ayuda a mantener el archivo mucho más ordenado.

EJEMPLO

Si un informe general contiene 8 capítulos, es posible crear un subdocumento para cada capítulo. Esto permite editar únicamente el capítulo 3 sin necesidad de cargar o revisar todo el archivo completo.

Los subdocumentos se gestionan desde un archivo principal, y Word reconoce sus límites para mantener una estructura organizada y coherente.

3.2. Insertar y vincular capítulos en un documento maestro

El **documento maestro** actúa como la "carpeta central" que reúne todos los subdocumentos.

Desde él se pueden insertar capítulos existentes o crear nuevos subdocumentos directamente. Cuando un capítulo se vincula al documento maestro, cualquier cambio que se haga en el archivo independiente se actualiza también en el documento principal, y viceversa.

Para insertar un subdocumento en el documento maestro se debe:

- **Abrir tu documento en Word.** No importa si ya tiene contenido o si vas a empezar desde cero.
- **Activar la vista Esquema:**

  1. Ve a la pestaña **Vista.**
  2. Haz clic en **Esquema:**

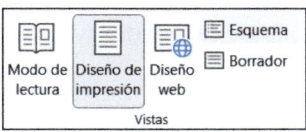

Las vistas del documento permiten alternar entre Modo de lectura, Diseño de impresión, Diseño web, Esquema y Borrador.

Al hacerlo, Word cambia a una vista especial que muestra la estructura del documento por niveles.
En esta vista aparecerá una nueva sección en la parte superior, llamada **Documento maestro:**

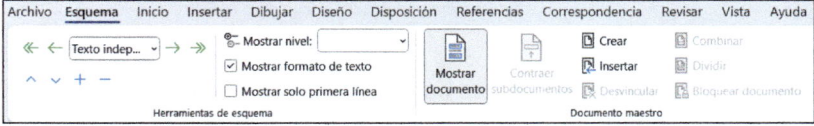

*La cinta **Esquema** permite reorganizar niveles y gestionar la estructura jerárquica del documento.*

⊃ **Mostrar las opciones del Documento maestro.** Cuando estés en **Vista → Esquema,** verás un grupo llamado **Documento maestro,** con varias opciones:

- Mostrar documento
- Crear
- Insertar
- Expandir
- Contraer
- Desvincular
- Combinar

Si no ves todas las opciones, pulsa primero **Mostrar documento** para desplegarlas.

⊃ **Dividir el documento en subdocumentos.** Una vez que has activado la vista **Documento maestro,** puedes empezar a añadir capítulos como subdocumentos.

Estos capítulos pueden provenir de archivos independientes que ya tengas creados, o ser secciones dentro del propio documento maestro:

- Insertar capítulos ya creados (vincular archivos existentes):

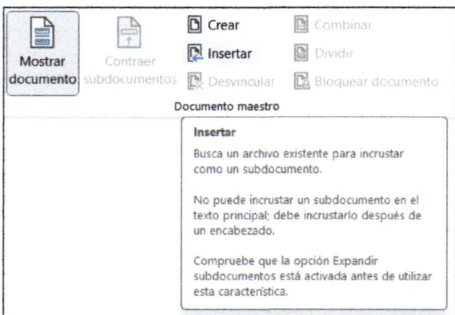

La opción **Insertar** incorpora un archivo existente como subdocumento dentro del documento maestro.

Esta opción se usa cuando ya tienes capítulos escritos en archivos separados.

1. Dentro de **Documento maestro,** haz clic en **Insertar.**
2. Se abrirá el explorador de archivos.
3. Selecciona el archivo que quieras añadir como capítulo.
4. Word insertará ese archivo como un subdocumento vinculado.

◊ Crear subdocumentos desde el propio documento maestro:

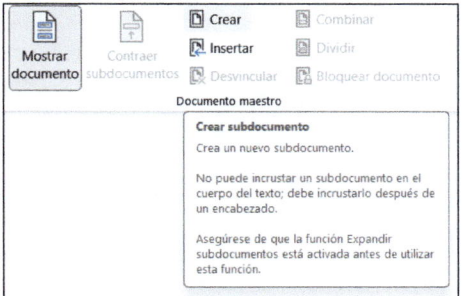

*La función **Crear subdocumento** permite generar un nuevo archivo dependiente dentro del documento maestro.*

Si todavía no tienes capítulos creados, puedes convertir secciones del documento maestro en subdocumentos nuevos.

1. Coloca el cursor delante del título que quieres convertir.
2. En **Documento maestro,** haz clic en **Crear.**
3. Word generará un archivo independiente y lo enlazará al maestro.

➲ Guardar el documento maestro. Una vez creados los subdocumentos:

◊ Guarda el archivo principal (es el documento maestro).
◊ Word generará y guardará también los subdocumentos vinculados.

3.3. Gestionar la actualización y coherencia de los subdocumentos

Una vez que los subdocumentos están vinculados, es fundamental mantener su **coherencia.** Esto incluye estilos, numeraciones, encabezados, pies de página y títulos. El documento maestro centraliza estos elementos para que se apliquen de forma uniforme en todas las partes del texto.

Word permite actualizar los subdocumentos directamente desde el archivo principal. Esto se realiza desde la vista **Esquema,** donde aparecen opciones como:

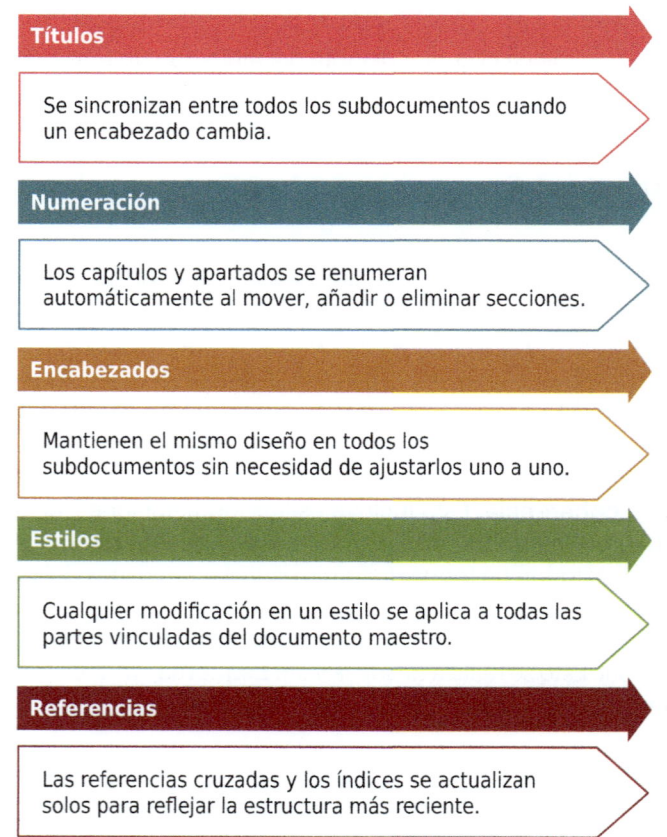

Actualizar	- Actualizar un subdocumento.
Abrir	- Abrir un subdocumento para editarlo.
Expandir o contraer	- Expandir o contraer secciones.
Convertir	- Convertir un subdocumento en texto dentro del documento maestro.

En un documento maestro, Word permite actualizar de manera automática numerosos elementos para mantener la coherencia entre todos los subdocumentos. Esto incluye:

Títulos

Se sincronizan entre todos los subdocumentos cuando un encabezado cambia.

Numeración

Los capítulos y apartados se renumeran automáticamente al mover, añadir o eliminar secciones.

Encabezados

Mantienen el mismo diseño en todos los subdocumentos sin necesidad de ajustarlos uno a uno.

Estilos

Cualquier modificación en un estilo se aplica a todas las partes vinculadas del documento maestro.

Referencias

Las referencias cruzadas y los índices se actualizan solos para reflejar la estructura más reciente.

 **EJEMPLO**

Si un subdocumento tiene un estilo modificado —por ejemplo, se cambia el tipo de letra del título—, Word puede aplicar ese cambio en todos los demás capítulos al actualizar el documento maestro, evitando que cada parte se revise manualmente.

 ACTIVIDAD COMPLEMENTARIA

1. Investiga cómo se divide un documento extenso en subdocumentos organizados y cómo se gestionan esos capítulos desde un documento maestro en Word, analizando las ventajas que aporta este sistema para trabajos largos o colaborativos.

    1. ¿En qué situaciones consideras que resulta útil dividir un documento largo en subdocumentos independientes y qué problemas se evitan al hacerlo?
    2. ¿Qué ventajas crees que ofrece vincular capítulos dentro de un documento maestro en lugar de trabajar con un único archivo completo?
    3. ¿Qué elementos pueden actualizarse automáticamente en un documento maestro para mantener la coherencia global del proyecto?

4. Crear y utilizar tablas en Word vinculadas con *Excel*

 HILO CONDUCTOR

En el informe que prepara Alexandra se incluyen varias tablas con datos financieros que cambian cada mes. Hasta ahora las copiaba desde *Excel*, pero cada vez que había un cambio debía repetir el proceso: copiar, pegar, dar formato y asegurarse de que nada había quedado desactualizado. Su tutora le explica que puede vincular la tabla, de modo que Word actualice automáticamente los datos cuando cambien en *Excel*.

En muchos trabajos profesionales es habitual incluir datos numéricos procedentes de hojas de cálculo. Word permite **vincular tablas** directamente desde *Excel,* de modo que se actualizan automáticamente cuando se modifican los datos originales. Esto garantiza que la información del documento sea siempre precisa y actualizada.

El uso de tablas vinculadas combina la **potencia de cálculo de *Excel*** con la **capacidad de maquetación de Word,** reduciendo errores y evitando la necesidad de copiar y pegar.

NOTA

Es una herramienta especialmente útil en informes, memorias técnicas o documentos corporativos que deben mantenerse al día.

4.1. Insertar tablas procedentes de *Excel* mediante vínculos

En muchos documentos es necesario incluir datos numéricos, cálculos o cuadros que originalmente se trabajan en *Excel.* Para evitar duplicar información o copiar y pegar cada vez que cambian los datos, Word permite **insertar tablas vinculadas,** de modo que cualquier actualización en *Excel* se refleje automáticamente en el documento.

Para insertar una tabla vinculada desde *Excel,* se puede seguir este **procedimiento:**

- ⮑ **Paso 1.** Abrir el archivo de *Excel* y seleccionar la tabla o el rango de celdas que interesa.
- ⮑ **Paso 2.** Copiar la selección con [Ctrl + C].
- ⮑ **Paso 3.** Volver a Word y situar el cursor en el lugar donde se quiere insertar la tabla.
- ⮑ **Paso 4.** En la pestaña **Inicio,** abrir las opciones de pegado:

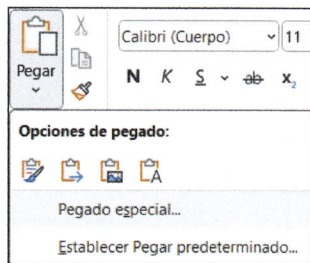

El menú de pegado ofrece opciones rápidas para controlar el formato del contenido insertado.

Seleccionar **Pegado especial** → **Pegar vínculo** → **Hoja de cálculo** de *Microsoft Excel:*

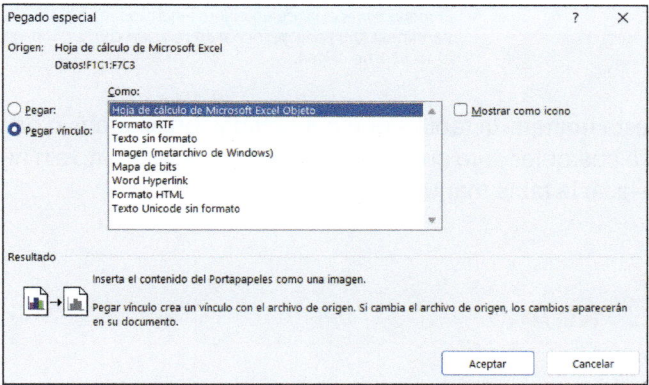

El cuadro Pegado especial permite insertar datos con distintos formatos o crear vínculos con documentos externos.

➲ **Paso 5.** Word solo actualiza si el archivo de origen está guardado. Haz esto:

1. Cambia un dato en *Excel*.
2. Guarda el archivo.
3. Vuelve a Word → haz clic derecho sobre la tabla → Actualizar vínculo:

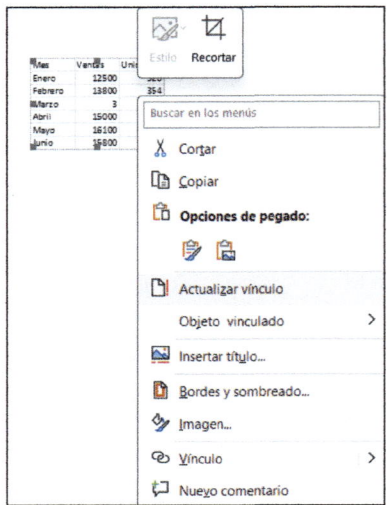

El menú contextual de un objeto vinculado
permite actualizar o gestionar su relación con
el archivo de origen.

De esta manera, la tabla sigue conectada con su archivo original. Si se modifica cualquier dato en *Excel,* Word podrá actualizarlo sin necesidad de reemplazar la tabla manualmente.

NOTA

Este método es especialmente útil en informes periódicos, proyectos académicos, memorias económicas y documentos corporativos que manejan cifras actualizables.

4.2. Configurar la actualización automática de los datos vinculados

Una vez insertada la tabla vinculada, Word necesita saber cómo y cuándo debe actualizar los datos. Por defecto, el programa preguntará al abrir el documento si se desea actualizar los vínculos, pero también es posible configurar la actualización automática desde el menú de opciones.

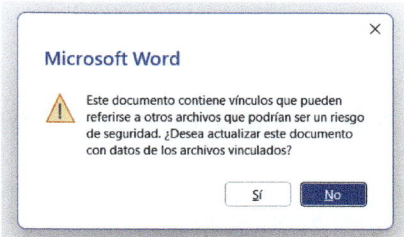

El aviso de seguridad informa sobre la actualización de datos procedentes de archivos vinculados.

Para gestionar esta función:

⮞ **Paso 1:**
Ir a **Archivo** → **Información** → **Editar vínculos a archivos:**

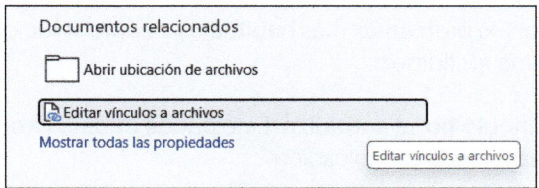

*El apartado **Editar vínculos a archivos** centraliza la gestión de todas las conexiones externas del documento.*

⮞ **Paso 2:**
Seleccionar el vínculo correspondiente a la tabla de *Excel:*

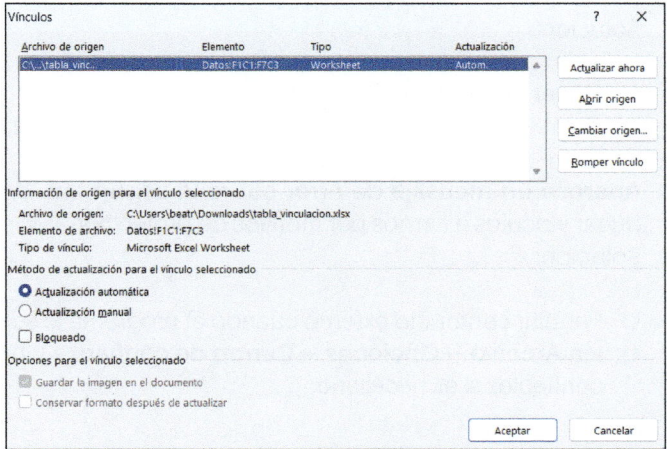

*La ventana **Vínculos** permite gestionar el origen, el tipo y el método de actualización de los datos vinculados desde Excel.*

➲ **Paso 3:**
Elegir entre:

◯ Actualización manual, si se prefiere revisar los cambios antes de aplicarlos.
◯ Actualización automática, si se quiere que Word actualice la tabla cada vez que se abre el documento.

4.3. Resolver incidencias comunes en la vinculación entre Word y *Excel*

Aunque la vinculación entre Word y *Excel* es muy práctica, a veces pueden aparecer incidencias que dificultan la actualización de los datos.

Conocer los problemas más habituales y cómo solucionarlos ayuda a trabajar con mayor fluidez:

➲ **El vínculo no se actualiza.** Esto puede deberse a que el archivo de *Excel* se ha movido de ubicación.
Solución:

◯ Abrir el archivo original.
◯ Comprobar la ruta del vínculo en **Editar vínculos a archivos** y actualizarla si es necesario.

➲ **Word muestra datos antiguos.** Puede ocurrir si Word está configurado en actualización manual.
Solución:

◯ **Hacer clic en la tabla → Actualizar vínculo.**
◯ Cambiar la configuración a actualización automática, si se desea.

➲ **Aparece un mensaje de error sobre la seguridad.** Word puede bloquear vínculos externos por motivos de protección.
Solución:

◯ Permitir contenido externo cuando el programa lo solicite.
◯ Ir a **Archivo → Opciones → Centro de confianza** y habilitar vínculos confiables si es necesario.

⊃ **El formato cambia después de actualizar.** Esto puede pasar si la tabla se editó manualmente en Word.
Solución:

    ☷ Evitar modificar directamente la tabla vinculada.
    ☷ Editar siempre el formato desde *Excel* cuando sea posible.

⊃ **Word no encuentra el archivo vinculado.** Esto ocurre cuando la hoja de cálculo fue renombrada o movida.
Solución:

    ☷ Usar el botón **Cambiar origen** en el menú **Vínculos** para indicar la nueva ruta.

 TAREA 2

Se proporciona el siguiente rango de datos, que debe introducirse previamente en *Excel:*

Ventas trimestrales del producto "Aster":

- T1: 15.200 €
- T2: 17.450 €
- T3: 16.980 €
- T4: 18.100 €

Una vez creada esta tabla en *Excel,* el alumnado debe:

1. Insertar la tabla en Word mediante un vínculo, no como copia estática.
2. Guardar ambos archivos en una carpeta común.
3. Modificar uno de los valores en *Excel* (por ejemplo, cambiar T3 a "17.500 €").
4. Actualizar la tabla vinculada desde Word.
5. Configurar Word para que actualice automáticamente los datos al abrir el documento.
6. Explicar cada paso realizado, indicando qué acciones se han llevado a cabo y por qué son importantes.

5. Utilizar hipervínculos, URL, rutas UNC y *mailto*

👉 HILO CONDUCTOR

Dentro del informe final, Alexandra debe enlazar documentos internos, carpetas del servidor, páginas web y direcciones de correo para facilitar la navegación del cliente. Al principio, inserta enlaces copiando y pegando direcciones largas y poco claras, hasta que aprende a utilizar las herramientas avanzadas de Word que permiten crear hipervínculos profesionales, rutas UNC directas a recursos de red y enlaces *mailto* con asuntos predefinidos.

Los documentos digitales pueden conectarse con otros archivos, carpetas de red, páginas web o direcciones de correo electrónico mediante **hipervínculos.** Estas funciones mejoran la navegación y permiten que la persona usuaria acceda a recursos externos sin tener que buscarlos manualmente.

Además de los enlaces tradicionales, Word permite utilizar **rutas UNC** para acceder a ubicaciones de red internas, insertar **URL** de manera ordenada o crear enlaces *mailto* que abren un correo nuevo con destinatario y asunto ya configurados.

✍️ NOTA

Este conjunto de herramientas hace que los documentos sean más interactivos y útiles en entornos profesionales reales.

5.1. Crear hipervínculos internos y externos

Los hipervínculos permiten conectar partes del documento entre sí o enlazar contenido externo. Son muy útiles para facilitar la navegación, especialmente en documentos largos o materiales corporativos que requieren acceder a recursos adicionales.

En Word se pueden crear dos **tipos de hipervínculos:**

➲ **Hipervínculos internos.** Sirven para saltar a otra parte del mismo documento, como un título, una figura, una tabla o un anexo.
Para crearlos hay que:

1. Seleccionar el texto que funcionará como enlace.
2. Ir a **Insertar → Vínculo o Hipervínculo:**

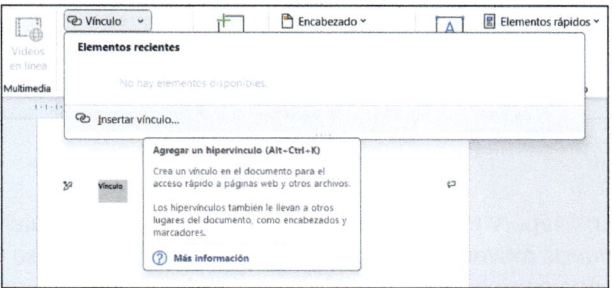

El menú Hipervínculos ofrece opciones para insertar enlaces a páginas web, archivos o ubicaciones del documento.

3. En la parte izquierda, seleccionar **Lugar de este documento:**

El panel permite elegir si el hipervínculo apunta a un archivo, una ubicación del documento, un nuevo documento o un correo electrónico.

4. Elegir el título o marcador al que se quiere saltar:

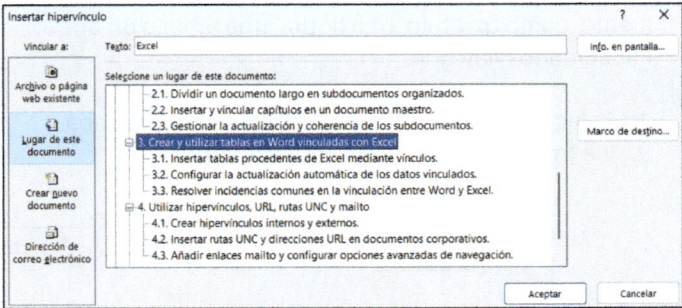

El asistente de hipervínculos permite enlazar directamente a un título estructurado del documento.

Los hipervínculos internos ayudan a que cualquier persona lectora pueda moverse con rapidez sin tener que desplazarse manualmente por cada página.

○ **Hipervínculos externos.** Conectan el documento con páginas web, documentos almacenados en la nube, carpetas compartidas o recursos *online.*

Pasos:

1. Seleccionar el texto.
2. Insertar un hipervínculo.
3. Escribir o pegar la dirección web en el campo correspondiente:

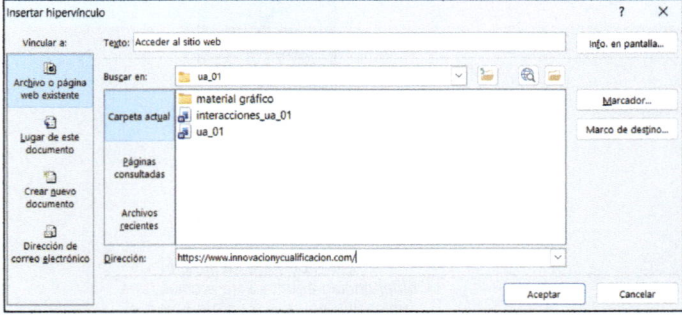

Esta ventana permite crear un enlace hacia una página web o un archivo ubicado en el equipo.

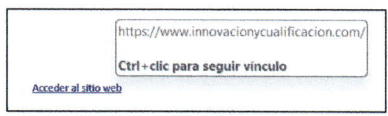

El enlace insertado muestra su dirección completa y el aviso para seguir el vínculo con [Ctrl + clic].

 EJEMPLO

Un informe puede incluir enlaces a políticas corporativas, páginas oficiales o herramientas externas utilizadas en el proyecto.

- -

5.2. Insertar rutas UNC y direcciones URL en documentos corporativos

En entornos empresariales es habitual trabajar con carpetas compartidas mediante la red interna. Para acceder a esos recursos de manera rápida desde un documento, se utilizan las **rutas UNC** *(universal naming convention)*, que identifican un archivo o carpeta dentro del servidor.

Una ruta UNC es una dirección que comienza con dos barras invertidas:

servidor\carpeta\archivo

Permite acceder a un recurso de red sin necesidad de unidades asignadas (como Z:, S:, etc.).

Para insertarlas en un documento de Word, el proceso es el siguiente:

- ➲ **Paso 1.** Seleccionar el texto donde irá el enlace.
- ➲ **Paso 2.** Insertar un hipervínculo.
- ➲ **Paso 3.** Escribir la ruta UNC completa en el cuadro **Dirección:**

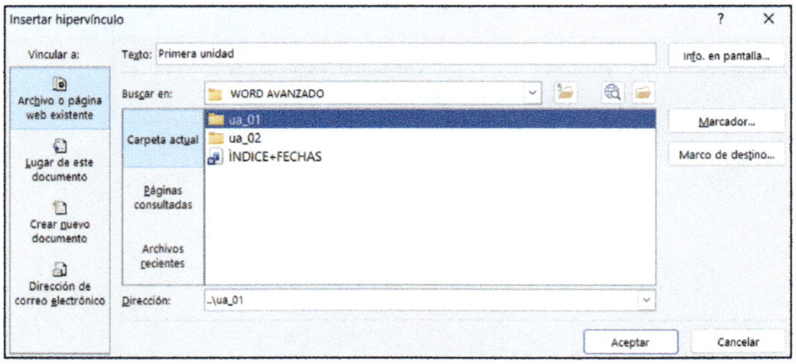

La herramienta permite vincular un hipervínculo a otro archivo del equipo o a una carpeta local.

➲ **Paso 4.** Aceptar para crear el vínculo.

Las rutas compartidas y los accesos internos permiten que los documentos corporativos circulen de forma ordenada y segura dentro de la organización:

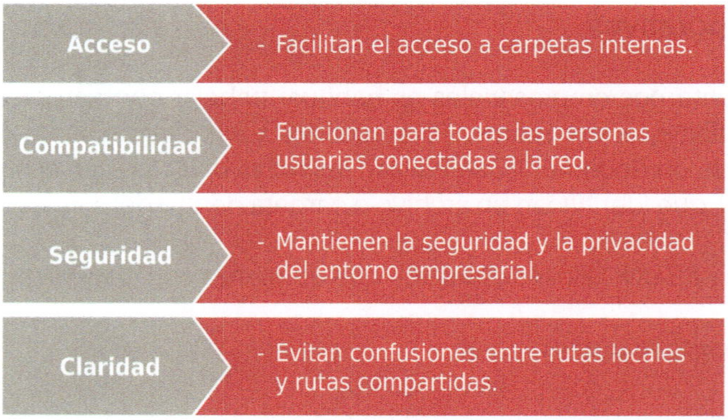

Como ya sabemos, además de rutas UNC, también se pueden insertar **direcciones URL,** que enlazan a páginas web externas. Estas pueden formar parte de manuales digitales, informes, proyectos educativos o documentos con recursos complementarios.

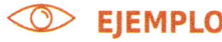

EJEMPLO

Un documento de formación interno puede incluir enlaces a una carpeta Plantillas oficiales mediante UNC y a una web corporativa utilizando una URL tradicional.

5.3. Añadir enlaces *mailto* y configurar opciones avanzadas de navegación

Además de los hipervínculos convencionales, Word permite insertar enlaces **mailto,** que abren automáticamente un nuevo mensaje en el cliente de correo electrónico de la persona usuaria.

Estos enlaces son muy útiles en documentos que requieren contacto directo, como manuales, guías, formularios o comunicaciones internas.

Para crear un enlace *mailto,* el proceso es el siguiente:

- ➲ **Paso 1.** Seleccionar un texto, como "Enviar correo" o "Contactar con soporte".
- ➲ **Paso 2.** Insertar un hipervínculo.
- ➲ **Paso 3.** En el campo Dirección, escribir direccion@correo.com:

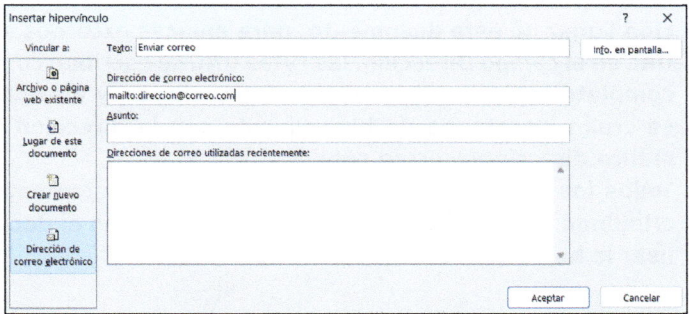

El asistente de correo crea un hipervínculo que abre automáticamente un nuevo mensaje para la dirección indicada.

También se pueden añadir parámetros adicionales, como un asunto o un texto predefinido.

 **APLICACIÓN PRÁCTICA**

Alexandra debe insertar varios tipos de enlaces en un informe: uno que lleve a un anexo del mismo documento, otro que abra una página web externa, un tercero que dirija a una carpeta compartida del servidor,

Continúa en página siguiente >>

<< Viene de página anterior

y un enlace *mailto* que genere un mensaje nuevo con un destinatario predefinido.

¿Cuál de las siguientes opciones describe correctamente cómo crear cada uno de estos hipervínculos en Word?

- **Los enlaces internos solo se pueden generar copiando y pegando la dirección del encabezado, las rutas UNC requieren mapear primero una unidad local, las URL se insertan desde el menú Archivo y los enlaces *mailto* se crean escribiendo directamente un correo en el texto sin abrir la ventana de hipervínculos.**
- **Los hipervínculos externos solo pueden crearse si el documento está guardado en *OneDrive;* las rutas UNC se añaden automáticamente al pegar una carpeta del explorador; y los enlaces internos no pueden dirigirse a títulos, solo a páginas numeradas.**
- **Para hipervínculos internos se selecciona un texto y se elige la opción Lugar de este documento, para enlaces externos se inserta la URL en el campo Dirección, las rutas UNC se escriben con su formato completo comenzando por \\servidor\carpeta, y los enlaces *mailto* se crean insertando un hipervínculo con la dirección en formato mailto:direccion@correo.com.**
- **Todos los tipos de hipervínculos se crean exactamente igual: escribiendo la dirección completa directamente en el documento, sin usar la herramienta Insertar → Hipervínculo.**

Solución

La opción correcta explica de forma precisa cómo funciona cada tipo de enlace dentro de Word.

Los hipervínculos internos se crean seleccionando un texto y eligiendo el destino dentro del propio documento mediante **Lugar de este documento.**

Los enlaces externos se generan introduciendo la URL en el campo correspondiente.

Las rutas UNC se escriben con su sintaxis estándar, empezando por doble barra invertida para acceder a recursos de red.

Los enlaces *mailto* siguen el formato *mailto:* que permite abrir un correo nuevo con el destinatario ya establecido.

6. Resumen

Los estilos de título definen niveles jerárquicos dentro del documento y permiten que Word interprete qué partes son capítulos, subapartados o divisiones internas:

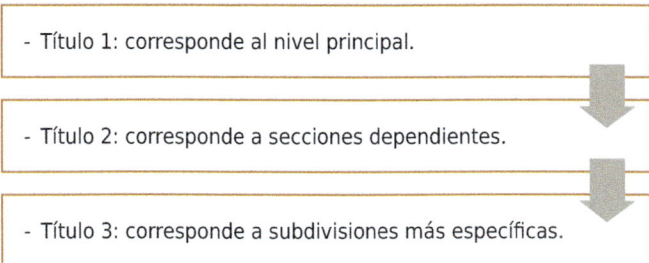

- Título 1: corresponde al nivel principal.

- Título 2: corresponde a secciones dependientes.

- Título 3: corresponde a subdivisiones más específicas.

Estos estilos no son simples formatos: incluyen propiedades estructurales que Word utiliza para organizar, numerar y generar índices.

Los estilos pueden modificarse para unificar el aspecto del archivo. Desde su ventana de edición se ajustan parámetros tipográficos, como fuente y color, así como opciones de párrafo, espaciado y reglas de numeración. La numeración multinivel establece una relación lógica entre capítulos y subcapítulos —por ejemplo 1, 1.1, 1.1.1— y permite que el documento mantenga una secuencia coherente sin intervención manual.

La tabla de contenido es un índice automático generado a partir de los títulos estructurados. Word identifica los niveles jerárquicos y los presenta junto con su número de página. Esta tabla puede actualizarse total o parcialmente cuando el contenido cambia, evitando tener que rehacer el índice manualmente.

Los documentos extensos pueden gestionarse mediante documentos maestros. Un documento maestro actúa como archivo central y divide el contenido en subdocumentos vinculados. Cada subdocumento es un archivo independiente, pero mantiene su relación con el principal.

Las tablas vinculadas con *Excel* permiten mostrar en Word datos que proceden de una hoja de cálculo sin copiarlos manualmente. Un vínculo mantiene la conexión entre ambos archivos: cuando cambia el contenido de *Excel,* Word puede actualizarlo para mantener la información al día.

Los hipervínculos conectan el documento con otros recursos:

Los enlaces internos llevan a otra parte del mismo archivo, como un título o un marcador.

Los enlaces externos pueden dirigir a páginas web, a otros documentos o a ubicaciones de red.

Ejercicios de autoevaluación
Unidad de Aprendizaje 1

1. ¿Qué estilos deben utilizarse para generar un índice automático en Word?

    a. Estilo Normal y Cita
    b. Título 1, Título 2 y Título 3
    c. Encabezado 1, Encabezado 2 y Título 2
    d. Fuente 14 y Negrita

2. ¿Qué acción permite actualizar un índice automáticamente?

    a. Modificar manualmente los números de página.
    b. Insertar un cuadro de texto.
    c. Ir a la opción Actualizar tabla en la tabla de contenido.
    d. Copiar y pegar el índice de otro documento.

3. ¿Qué vista es necesaria para trabajar con documentos maestros?

    a. Vista Diseño de impresión
    b. Vista Lectura inmersiva
    c. Vista Esquema
    d. Vista Borrador

4. Indica si las siguientes oraciones son verdaderas o falsas:

    a. "Los estilos de título permiten estructurar un documento y generar índices automáticos".

        ■ Verdadero
        ■ Falso

    b. "Los índices automáticos de Word no pueden personalizarse ni actualizarse".

        ■ Verdadero
        ■ Falso

c. "El panel Navegación permite comprobar si la jerarquía de títulos está correctamente aplicada".

■ Verdadero
■ Falso

5. ¿Qué permite una tabla de *Excel* vinculada en Word?

a. Actualizarse cuando cambian los datos en *Excel*.
b. Eliminar fórmulas automáticamente.
c. Convertir los datos en texto estático.
d. Convertir el archivo Word en un archivo *Excel*.

6. ¿Qué tipo de vínculo se usa para acceder a una carpeta compartida de red?

a. URL
b. Hipervínculo interno
c. Ruta UNC
d. Enlace *mailto*

7. Indica si las siguientes oraciones son verdaderas o falsas:

a. "Los documentos maestros permiten dividir un proyecto largo en subdocumentos organizados".

■ Verdadero
■ Falso

b. "Los subdocumentos vinculados no pueden actualizarse desde el documento maestro".

■ Verdadero
■ Falso

c. "Las modificaciones en los estilos se aplican a todos los subdocumentos vinculados".

■ Verdadero
■ Falso

8. **¿Qué herramienta permite saltar a un título o sección dentro del mismo documento?**

    a. Insertar imagen
    b. Control de cambios
    c. Hipervínculo interno (lugar de este documento)
    d. Panel Selección

9. **¿Qué opción debe activarse en Word para actualizar automáticamente los datos procedentes de *Excel*?**

    a. Guardar como PDF
    b. Conversión automática de formatos
    c. Editar vínculos a archivos → Actualizar automáticamente
    d. Habilitar macros en la cinta de opciones

10. **Indica si las siguientes oraciones son verdaderas o falsas:**

    a. "Insertar una tabla mediante Pegar vínculo permite mantenerla conectada con *Excel*".

        ■ Verdadero
        ■ Falso

    b. "Word solo permite actualizar vínculos externos si el archivo de *Excel* está guardado".

        ■ Verdadero
        ■ Falso

    c. "Las rutas UNC permiten acceder a carpetas, como \\servidor\proyectos, incluso sin unidades asignadas".

        ■ Verdadero
        ■ Falso

Automatización, plantillas y documentos inteligentes en Word

Contenido

Objetivos

Los objetivos generales de esta Unidad de Aprendizaje son:

→ Automatizar la creación de documentos, utilizar marcadores y campos. Referencias cruzadas.

→ Crear plantillas.

→ Combinar correspondencia.

→ Grabar y usar macros.

Los objetivos específicos de esta Unidad de Aprendizaje son:

→ Insertar marcadores para localizar elementos clave del documento.

→ Utilizar campos automáticos para generar contenido dinámico.

→ Insertar referencias cruzadas y mantenerlas actualizadas.

→ Descubrir cómo crear plantillas con estilos y formatos personalizados.

→ Conocer el modo de configurar documentos base para cartas, listas y etiquetas.

→ Saber cómo importar y gestionar listas de destinatarios.

→ Grabar macros para automatizar tareas repetitivas.

→ Aprender a activar el editor de VBA para explorar su interfaz.

→ Asignar macros a accesos rápidos, botones o plantillas.

1. Introducción

En el trabajo diario con Word, muchas tareas se repiten: actualizar fechas, insertar nombres, preparar documentos con la misma estructura o completar información que depende del contexto. Para agilizar este proceso, Word incorpora herramientas que permiten crear documentos inteligentes, capaces de generar contenido dinámico, automatizar pasos y mantener la coherencia sin esfuerzo adicional.

En esta unidad se estudiará cómo funcionan los marcadores, los campos automáticos y las referencias cruzadas, que permiten localizar información rápidamente y actualizarla sin revisar todo el documento. Además, se aprenderá a diseñar plantillas para reutilizar formatos profesionales, a realizar combinaciones de correspondencia con bases de datos externas y a emplear macros, que permiten automatizar tareas repetitivas.

Seguiremos a Alexandra, que trabaja diariamente con informes corporativos, comunicaciones formales y documentos técnicos que deben mantenerse siempre actualizados. A medida que avance, descubrirá cómo los marcadores, los campos automáticos, las plantillas, la combinación de correspondencia y las macros pueden transformar su manera de trabajar, reduciendo pasos repetitivos y mejorando la precisión de su documentación.

2. Automatizar la creación de documentos, marcadores, campos y referencias cruzadas

☞ **HILO CONDUCTOR**

Mientras prepara un *dossier* técnico, Alexandra necesita actualizar decenas de páginas cada vez que cambia un título, una tabla o un número de sección. Después de varias horas corrigiendo detalles, descubre que puede usar marcadores para volver a zonas clave del documento, insertar campos automáticos que se modifican solos y crear referencias cruzadas para evitar revisiones manuales.

La **automatización** de documentos permite ahorrar tiempo y reducir errores en tareas repetitivas.

Word 365 cuenta con herramientas que contribuyen a que funcione como un sistema más inteligente, capaz de mantener la coherencia interna, actualizar contenido y mejorar la experiencia de lectura sin intervención manual constante:

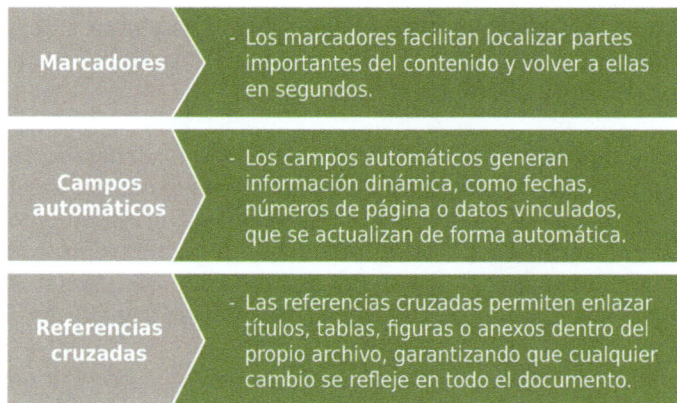

2.1. Insertar marcadores para localizar elementos clave del documento

Los **marcadores** actúan como pequeñas señales dentro del documento, que permiten volver rápidamente a un punto concreto sin hacer búsquedas manuales.

 **NOTA**

En Word 365 son muy útiles cuando se trabaja con archivos extensos o con secciones que se consultan con frecuencia.

Para crearlos, basta con seleccionar el texto o el elemento que se quiere señalar y asignarle un **nombre único** mediante la opción **Insertar un marcador:**

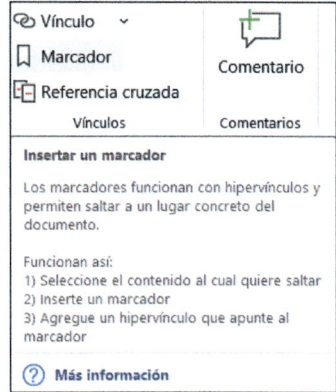

La herramienta de marcadores permite insertar un marcador para definir puntos concretos del documento a los que enlazar después.

Ese nombre funciona como una etiqueta interna:

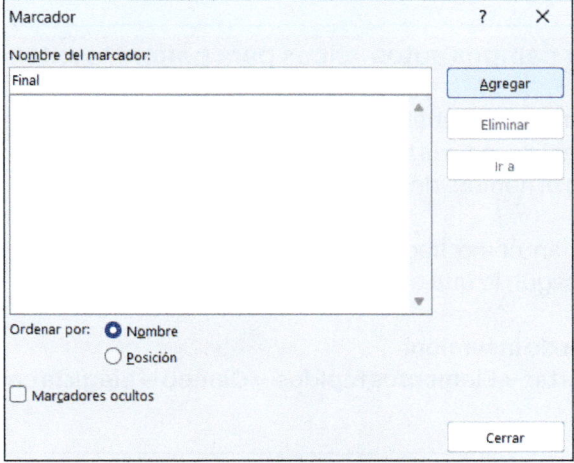

La ventana **Marcadores** permite crear, organizar y seleccionar puntos de referencia dentro del documento.

Más adelante, se puede acceder al marcador de varias formas:

⮞ Acceder a un marcador desde la ventana **Marcadores:**

1. Ve a la pestaña **Insertar.**
2. En el grupo **Vínculos,** selecciona **Marcador.**

3. Se abrirá una ventana con todos los marcadores que hayas creado.
4. Haz clic en el marcador que quieras y pulsa **Ir a.**
   Word te llevará directamente al punto exacto donde lo creaste.

⮞ Acceder a un marcador haciendo clic en un enlace interno. Si creaste un hipervínculo interno que apunta a un marcador:

1. Simplemente haz clic en el enlace dentro del documento.
2. Word saltará automáticamente al marcador correspondiente.
   Esto es útil cuando usas marcadores para navegación interna, como en informes o manuales.

⮞ Acceder desde el panel **Navegación** (solo si el marcador está en un título). Si colocaste el marcador en un título con estilo, puedes:

1. Abrir el panel **Navegación**: pestaña **Vista → panel Navegación.**
2. Buscar el título y hacer clic en él para ir directamente a esa parte.
   No todos los marcadores aparecen aquí, solo los asociados a títulos.

2.2. Utilizar campos automáticos para generar contenido dinámico

Los **campos automáticos** permiten que Word 365 actualice por sí mismo información, como la fecha, el número de página, el autor, la numeración de títulos o el nombre del archivo.

Funcionan como fragmentos de contenido que se adaptan automáticamente según lo que ocurre en el documento:

⮞ **Ruta de inserción:**
Insertar → Elementos rápidos → Campo → elegir la categoría deseada.

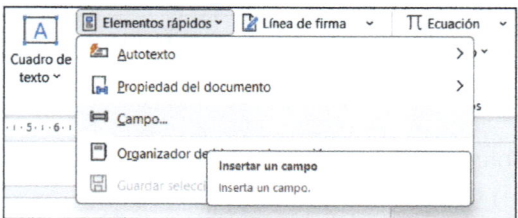

La opción de los campos permite insertar información dinámica vinculada a propiedades o cálculos automáticos.

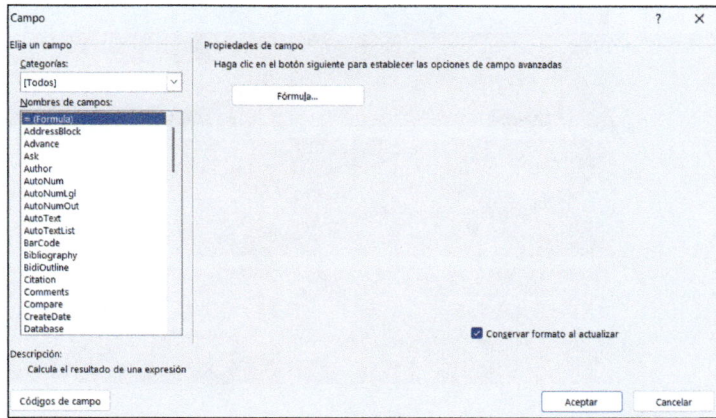

*La ventana **Campo** permite elegir y configurar elementos automáticos, como fechas, fórmulas o metadatos.*

➲ **Actualización global.** Selecciona el documento completo, haz clic derecho y pulsa **Actualizar campos** para refrescarlos todos a la vez:

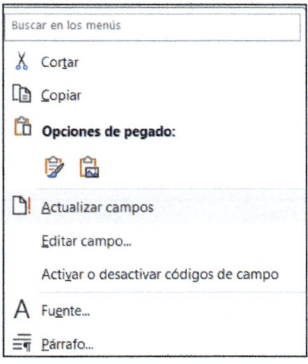

*La opción **Actualizar campos** permite sincronizar la información insertada con los datos más recientes.*

Los campos son especialmente útiles cuando el archivo se va modificando con frecuencia. Por ejemplo, insertar un **campo de fecha actualizada** evita tener que cambiarla cada vez que se genera el documento. De la misma forma, los **campos de numeración** mantienen al día encabezados, pies de página y referencias internas:

2.3. Insertar referencias cruzadas y mantenerlas actualizadas

Las **referencias cruzadas** crean vínculos internos hacia títulos, tablas, figuras o notas numeradas. Su principal ventaja es que se **actualizan automáticamente** cuando algo cambia: si un título pasa de ser "1.3" a "1.4", la referencia se adapta sin intervención manual.

Son muy útiles en informes técnicos, trabajos largos o documentos estructurados donde la numeración puede variar durante el proceso de edición:

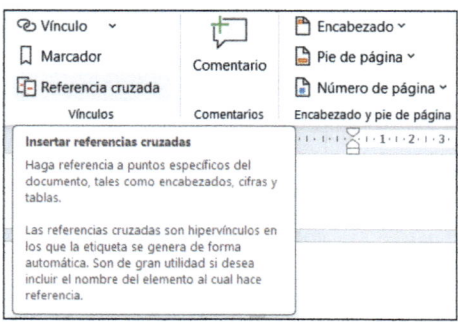

La herramienta de referencias cruzadas permite generar enlaces automáticos hacia títulos, tablas o numeraciones.

Al insertarlas, Word permite elegir si se quiere mostrar solo el **número,** el **texto del título** o una forma más completa, como "ver página...":

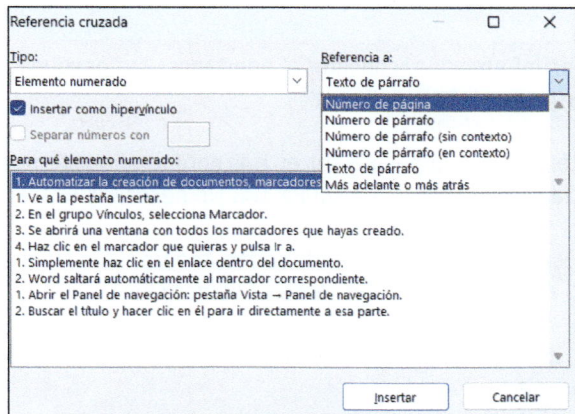

*La ventana **Referencia cruzada** permite seleccionar elementos numerados o titulados para crear enlaces actualizables.*

 **EJEMPLO**

Estás redactando un documento largo y escribes lo siguiente:

"La explicación detallada se encuentra en el apartado 3.2".

Ese número 3.2 lo has escrito tú a mano.

¿Qué ocurre si más adelante cambias el orden de los títulos y ese apartado deja de ser el 3.2 y pasa a ser el 4.1?

Tendrías que volver al párrafo original y corregirlo para que no quede mal.

Las referencias cruzadas evitan este problema.

Cuando insertas una referencia cruzada en Word, ese "3.2" se convierte en un vínculo inteligente que se actualiza solo.

Imagina que tienes un título llamado:

"1.3 Procedimiento de validación"

En otra parte del documento escribes:

Continúa en página siguiente >>

<< Viene de página anterior

"Para más información, consulte el apartado..." y, después, insertas una referencia cruzada al título anterior.

Si más tarde el título pasa a ser el 1.4, porque añadiste nuevas secciones, la referencia cruzada cambiará sola a 1.4. No necesitas buscar ni corregir nada.

Esto es especialmente útil cuando el documento tiene muchas páginas, tablas, figuras o anexos que pueden cambiar de posición.

Además, cuando insertas una referencia cruzada, Word te pregunta qué quieres que aparezca:

- Solo el número del título (por ejemplo, "1.4")
- El texto completo del título ("1.4 Procedimiento de validación")
- Una referencia más descriptiva (como "ver página 7")

Así, puedes adaptar la referencia según el estilo que necesites.

Los tipos de contenido que admiten referencia cruzada son los siguientes:

Títulos y encabezados numerados
- Word ajusta automáticamente la numeración cuando cambia la estructura.

Tablas y figuras
- Permite enlazar tablas o ilustraciones sin necesidad de reescribir sus números.

Notas y anexos
- La referencia siempre refleja el número correcto sin revisiones manuales.

NOTA

Mantener estos enlaces al día es sencillo: basta con seleccionar el documento y elegir **Actualizar campos.**

 **TAREA 3**

Se proporciona el siguiente texto base. Debe copiar en un documento nuevo de Word para realizar la actividad:

Título principal: "Informe técnico sobre el proceso de validación interna"

Secciones del documento:

1. Introducción
2. Objetivos del procedimiento
3. Proceso de validación

    3.1. Revisión inicial
    3.2. Verificación de datos

4. Conclusiones

En la sección "3.2. Verificación de datos", se incluirá más adelante una tabla o imagen que aún no está disponible.

También se necesitará una referencia interna que indique en qué apartado se detalla el proceso de revisión inicial.

1. Inserta un marcador en la sección "3.2. Verificación de datos", con un nombre identificativo.
2. Inserta un campo automático con la fecha actual en la portada del documento.
3. Crea otra zona del documento donde se diga: "La información detallada se encuentra en el apartado correspondiente".
    En esa frase se debe sustituir la palabra "correspondiente" por una referencia cruzada al título: "3.1. Revisión inicial".
4. Actualiza todos los campos del documento para comprobar que funcionan correctamente.
5. Explica en el propio documento cómo se ha realizado cada acción (por ejemplo, cómo se creó el marcador, dónde se encuentra el menú de campos, etc.).

3. Crear plantillas

👉 HILO CONDUCTOR

En su empresa, Alexandra debe redactar documentos con un estilo corporativo muy específico: colores, tipos de letra, encabezados, pies de página y textos fijos. Antes lo configuraba manualmente en cada archivo, pero ahora aprende a diseñar plantillas profesionales que aplican estos elementos automáticamente.

Las **plantillas** son una de las formas más eficaces de estandarizar documentos y garantizar que todo el equipo utilice el mismo diseño, estilo y estructura.

Permiten definir formatos personalizados, insertar contenido predeterminado y asegurar que todas las versiones se generan a partir de un modelo común.

NOTA

Esto resulta especialmente útil en empresas, organizaciones o centros educativos donde se elaboran documentos repetitivos, como informes, actas, contratos o cartas.

Además, las plantillas pueden protegerse para evitar modificaciones no deseadas y asegurar que se mantienen los estilos y elementos corporativos. Así, se consigue una identidad visual coherente y se acelera la creación de documentos profesionales.

3.1. Diseñar plantillas con estilos y formatos personalizados

Las **plantillas** permiten crear documentos que ya incluyen un diseño coherente y profesional desde el primer momento.

En Word 365 se pueden configurar estilos, fuentes, colores, márgenes, encabezados, pies de página y cualquier otro elemento que queramos reutilizar sin tener que repetir el proceso cada vez:

1. **Insertar elementos básicos del documento:**

    ◊ Ajustes básicos de texto: tipo de letra, tamaño, negrita, cursiva, color: pestaña **Inicio → Fuente.**
    ◊ Ajustes de párrafo: alineación, interlineado, sangrías, viñetas y numeración: pestaña **Inicio → Párrafo.**
    ◊ Portada, página en blanco, salto de página: pestaña **Insertar → Páginas.**
    ◊ Tablas, imágenes, formas, gráficos, *SmartArt,* iconos: pestaña **Insertar → Ilustraciones.**
    ◊ Marcador y referencia cruzada: pestaña **Insertar → Vínculos.**
    ◊ Encabezado, pie de página y número de página: pestaña **Insertar → Encabezado y pie de página.**
    ◊ Cuadro de texto, *WordArt,* fecha y hora, símbolo: pestaña **Insertar → Texto/Símbolos.**

2. **Configurar el estilo visual del documento:**

    ◊ Temas completos (colores + fuentes + efectos): pestaña **Diseño → Temas.**
    ◊ Estilos de título y formatos predefinidos: pestaña **Diseño → Formato del documento.**
    ◊ Colores y fuentes corporativas: pestaña **Diseño → Colores y Fuentes.**
    ◊ Efectos y espaciado entre párrafos: pestaña **Diseño → Efectos y Espaciado entre párrafos.**
    ◊ Establecer como predeterminado: pestaña **Diseño → Establecer como predeterminada.**

3. **Fondo del documento:**

    ◊ Marca de agua: pestaña **Diseño → Marca de agua.**
    ◊ Color de página: pestaña **Diseño → Color de página.**
    ◊ Bordes de página: pestaña **Diseño → Bordes de página.**

4. **Configurar página y párrafo:**
    Configurar página
    Pestaña **Disposición (o Diseño de página) → Configurar página:**

    ◊ Márgenes
    ◊ Orientación

 Tamaño
 Columnas
 Saltos
 Números de línea
 Guiones

Configurar párrafos
Pestaña **Disposición → Párrafo:**

 Sangría izquierda/derecha
 Espaciado antes/después

5. **Guardar como plantilla (.dotx):**
   Archivo → Guardar como → Tipo: Plantilla de Word, para reutilizarla en futuros documentos:

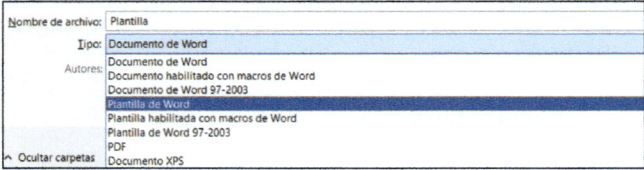

*La opción **Guardar como plantilla** permite crear modelos reutilizables basados en un formato predefinido.*

3.2. Incorporar contenido predeterminado adaptado a distintos tipos de documento

Las **plantillas predeterminadas de Word 365** ya incluyen contenido preparado para distintos tipos de documento, lo que permite empezar a trabajar con una estructura y un diseño profesional sin construir nada desde cero.

Cada plantilla contiene elementos adaptados a su finalidad: apartados fijos, estilos configurados, tablas base, encabezados, pies de página y bloques de texto listos para editar.

En la pantalla **Nuevo,** Word muestra una amplia colección de plantillas clasificadas por categorías, como informes, currículums, cartas, tarjetas, material educativo o calendarios:

La galería de plantillas permite elegir documentos prediseñados para crear archivos con estructuras profesionales.

Al seleccionar una plantilla, se abre un documento que ya trae incorporado el contenido habitual para ese tipo de archivo. Por ejemplo:

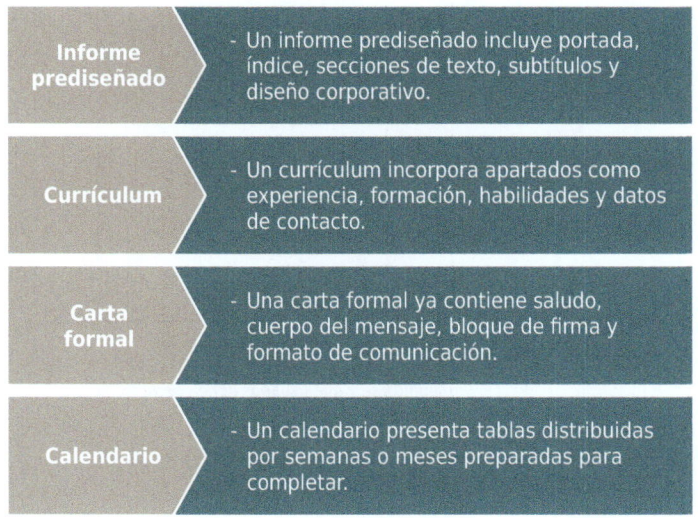

Este contenido predeterminado ahorra tiempo, evita errores frecuentes y asegura que la estructura sea coherente. Además, se puede modificar libremente según las necesidades de cada persona o empresa.

3.3. Proteger plantillas para asegurar una utilización homogénea

Una plantilla bien diseñada puede perder su función si cada persona modifica libremente partes esenciales. Para evitarlo, Word 365 permite **proteger plantillas,** impidiendo que se modifiquen estilos corporativos, diseños o elementos clave.

Existen diferentes niveles de **protección,** según el grado de control que se necesite. A continuación, se expone cada tipo de protección explicado paso a paso:

○ **Restricciones de edición.** Sirve para permitir solo determinadas acciones, como rellenar huecos o completar formularios:

1. Abre la plantilla (.dotx o .dotm).
2. Ve a **Revisar → Proteger → Restringir edición:**

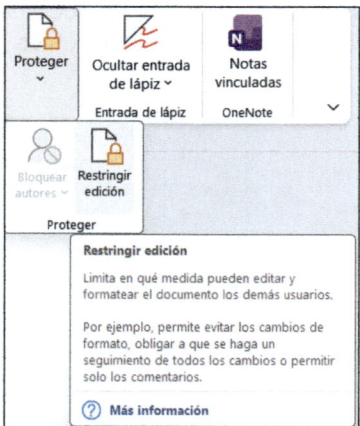

*La opción **Restringir edición** permite limitar qué partes del documento pueden modificarse y qué usuarios tienen permiso para editarlas.*

3. Se abre un panel a la derecha:

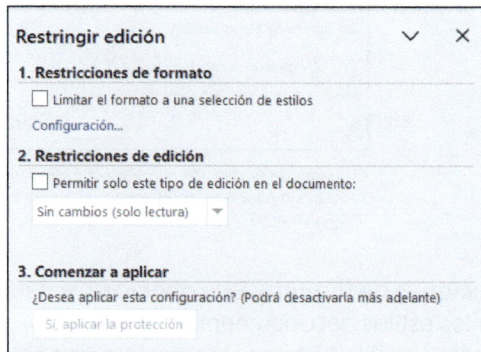

El panel **Restringir edición** permite activar restricciones de formato y seleccionar el tipo de edición permitida en el documento.

4. Activa **Restricciones de edición.**
5. Elige el modo:

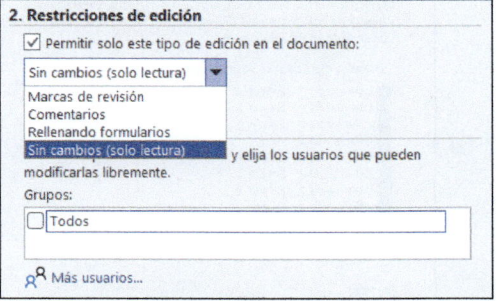

El menú **Restricciones de edición** permite elegir qué tipo de acciones podrá realizar el usuario, como solo lectura, comentarios o rellenar formularios.

⇕ **Sin cambios (solo lectura):** nadie puede modificar el documento.
⇕ **Solo comentarios:** útil cuando quieres revisiones, pero no cambios en el contenido.
⇕ **Rellenar formularios:** perfecto para plantillas donde solo se completan campos.

6. Haz clic en **Sí,** aplicar protección.
7. Opcional: Word pedirá una contraseña (opcional, pero recomendable si quieres controlar quién puede quitar la protección):

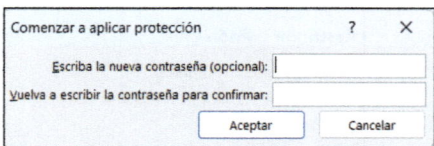

El cuadro de protección permite establecer una
contraseña para aplicar las restricciones de edición
del documento.

⮞ **Restricciones de formato.** Esta opción sirve para evitar que alguien modifique los estilos del documento.

Si marcas la casilla **Limitar el formato a una selección de estilos,** solo podrán usarse los estilos que tú elijas.

Evita que alguien cambie tipografía, colores, tamaños o estilos corporativos:

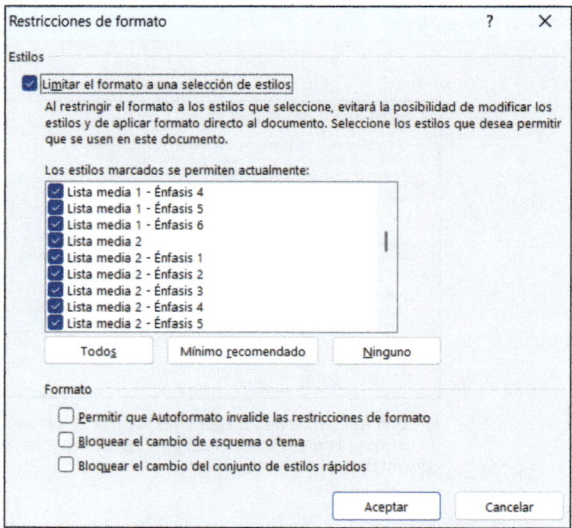

La configuración de restricciones de formato permite definir qué estilos
estarán permitidos para evitar cambios no autorizados en el diseño.

Proteger una plantilla garantiza que todas las versiones mantienen el mismo aspecto profesional, que se respetan los elementos corporativos y que las personas usuarias solo modifican las zonas previstas para ello.

ACTIVIDAD COMPLEMENTARIA

2. Investiga cómo se crean plantillas en Word a partir de estilos, formatos y contenidos predeterminados, y analizarás por qué son esenciales para mantener una imagen corporativa coherente y agilizar la elaboración de documentos repetitivos.

¿Qué elementos del documento deberían configurarse siempre al diseñar una plantilla corporativa (estilos, márgenes, encabezados, colores, contenidos fijos...) y por qué?

¿Qué ventajas aporta utilizar contenido predeterminado (portadas, apartados, tablas base) al crear documentos repetitivos como informes, cartas o currículums?

¿Por qué es recomendable proteger una plantilla y qué tipo de restricciones pueden aplicarse para asegurar que todas las personas del equipo la usan correctamente?

----

4. Combinar correspondencia

 HILO CONDUCTOR

Alexandra debe enviar más de cien cartas a diferentes personas con datos personalizados. Antes dedicaba horas copiando y pegando información, pero descubre la combinación de correspondencia y aprende a conectar un documento base con una hoja de Excel con los destinatarios.

La **combinación de correspondencia** permite generar cartas, etiquetas, diplomas, listados o comunicaciones personalizadas a partir de una base de datos. Word integra herramientas para configurar el documento principal, importar listas de destinatarios y organizar la información de forma automática mediante campos como nombre, dirección, cargo o cualquier otro dato.

Gracias a este proceso, es posible crear cientos de documentos personalizados con un único archivo base. También se pueden añadir **campos condicionales,** que adaptan el contenido según la información recibida, lo cual permite crear textos más precisos y adaptados a diferentes situaciones.

4.1. Configurar documentos base para cartas, listas y etiquetas

La **combinación de correspondencia** permite generar documentos personalizados a partir de un único archivo base. El proceso se compone de tres partes: preparar el documento base, conectar la lista de destinatarios y añadir los campos que cambiarán automáticamente.

Cuando haces clic en **Iniciar combinación de correspondencia,** Word muestra diferentes formatos según el tipo de documento que quieras generar. Cada uno se adapta a una necesidad concreta y organiza la información de forma distinta:

- **Cartas.** Sirve para crear cartas personalizadas, donde el saludo, los datos de la persona destinataria o algunos párrafos varían según la lista:
  - Comunicaciones formales
  - Avisos
  - Notificaciones personalizadas
  - Solicitudes
- **Mensajes de correo electrónico.** Permite enviar correos personalizados directamente desde Word mediante *Outlook:*
  - Comunicaciones masivas a alumnado o clientes
  - Boletines informativos
  - Correos personalizados con campos como "Nombre" o "Curso"
- **Sobres.** Crea sobres impresos con el nombre y la dirección de cada destinatario:
  - Envíos postales
  - Correspondencia formal impresa
  - Campañas de *mailing* físico

- **Etiquetas.** Genera muchas etiquetas en una misma hoja, cada una con datos distintos:

  - Etiquetas postales
  - Identificadores
  - Carnés
  - Pegatinas de archivo o inventario

- **Directorio.** Produce un documento donde los registros se colocan uno detrás de otro, como una lista larga:

  - Listados de alumnado
  - Directorios de socios o clientes
  - Inventarios
  - Fichas de datos seguidas

- **Documento normal de Word.** Comienza una combinación sin adaptar el diseño a un tipo específico; es útil para diseños propios creados desde cero.

Antes de combinar, es necesario tener un archivo que sirva como modelo. Debe contener la estructura general del documento que se repetirá para cada destinatario:

- Saludo inicial: "Estimada...", "A la atención de...", etc.
- Cuerpo del texto: información fija que no cambia.
- Espacios para datos variables: nombre, dirección, cargo, código, etc.
- Firmas, logos o elementos corporativos: siempre iguales.
- Tablas o secciones fijas si el documento las requiere.

En Word 365, un **documento base** contiene el diseño general y los espacios que se rellenarán automáticamente con los datos de cada destinatario. A estos elementos se les añaden después los **campos de combinación,** que insertan datos como el nombre, la dirección o el número de cliente.

NOTA

Configurar bien el archivo evita tener que repetir tareas, asegura coherencia entre todas las comunicaciones y reduce errores al generar grandes volúmenes de documentos.

4.2. Importar y gestionar listas de destinatarios

Para personalizar los documentos, Word 365 necesita una **lista de destina-tarios.** Esta lista puede venir de un archivo de *Excel,* una base de datos, un documento de texto o incluso puede crearse desde cero dentro de Word.

Lo más habitual es utilizar una hoja de *Excel,* porque permite organizar los datos en **columnas** (nombre, apellidos, dirección, correo...) y **filas** (cada persona o registro). Cuando se importa la lista, Word la reconoce y permite seleccionar qué campos se usarán en la combinación.

En la pestaña **Correspondencia,** el botón **Seleccionar destinatarios** per-mite elegir de dónde van a salir los datos que Word usará en la combinación de correspondencia. Esta lista puede venir de diferentes fuentes según las necesidades de cada documento:

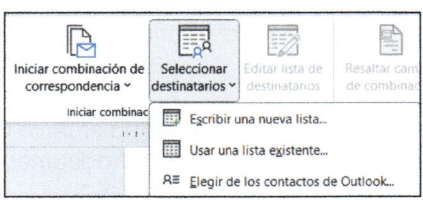

*El menú **Seleccionar destinatarios** permite elegir la fuente de datos para una combinación de correspondencia, como listas nuevas o existentes.*

Cuando haces clic en **Seleccionar destinatarios,** aparecen tres **opciones:**

1. **Escribir una nueva lista.** Esta opción permite crear la lista directamente en Word.
   Para qué sirve:

   ◑ Cuando no tienes un archivo previo con los datos
   ◑ Cuando la lista es corta o muy específica

   Qué ocurre al seleccionarla:

   ◑ Se abre una ventana para escribir nombres, direcciones, correos, car-gos o cualquier dato necesario.
   ◑ Word guarda la lista con formato .mdb, que puede reutilizarse en fu-turas combinaciones.

2. **Usar una lista existente.** Es la opción más utilizada para combinar correspondencia.
   Para qué sirve:

   ○ Para cargar listas almacenadas en *Excel, Access* o incluso en una tabla de Word.
   ○ Es ideal cuando ya tienes una base de datos bien organizada.

   Qué ocurre al seleccionarla:

   ○ Word abre el explorador para elegir el archivo.
   ○ Si es *Excel,* pide que selecciones la hoja que contiene los datos.
   ○ Después, muestra una ventana para confirmar los campos (Nombre, Apellidos, Dirección, etc.).

3. **Elegir de los contactos de *Outlook.*** Usa directamente la libreta de direcciones del correo *Outlook.*
   Para qué sirve:

   ○ Es útil en empresas o centros donde se trabaja con contactos corporativos guardados en *Outlook.*
   ○ También resulta útil en comunicaciones frecuentes entre alumnado, personal de empresa o clientes registrados.

   Qué ocurre al seleccionarla:

   ○ Muestra los contactos disponibles en *Outlook.*
   ○ Te permite marcar solo las personas que deben incluirse en la combinación.

4.3. Ejecutar la combinación e insertar campos condicionales si es necesario

Una vez preparado el documento base y cargada la lista de destinatarios, solo queda **ejecutar la combinación.** En Word 365 se genera un documento por cada registro, sustituyendo los campos por la información correspondiente.

A continuación, se muestra el proceso completo en detalle:

Paso 1. Elegir el tipo de combinación y preparar la carta:

1. Ve a la pestaña **Correspondencia.**

2. Pulsa **Iniciar combinación de correspondencia → Cartas** (o el tipo que necesites).
3. Escribe tu texto base en Word (la carta que quieres enviar a todas las personas), dejando los huecos donde irán los datos personalizados:

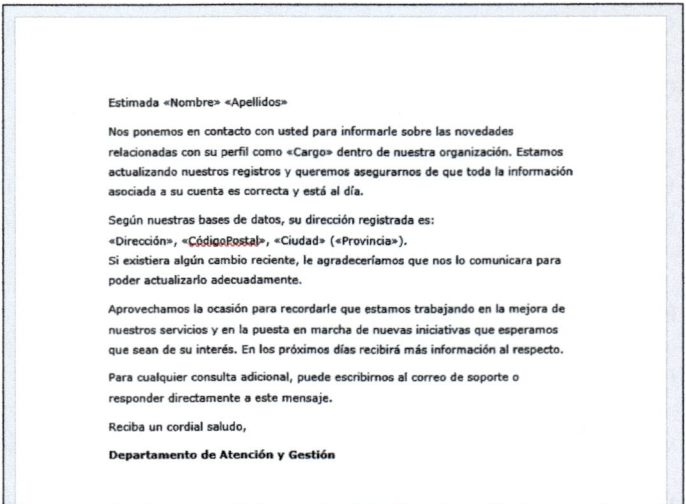

La vista preliminar de combinación de correspondencia permite revisar cómo se insertan los campos personalizados dentro del documento base.

Paso 2. Cargar la lista de destinatarios (*Excel* u otra fuente):

1. Haz clic en **Seleccionar destinatarios:**

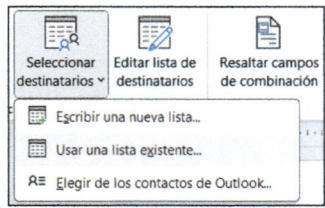

*La opción **Usar una lista existente** permite conectar la combinación de correspondencia con un archivo de datos previamente creado.*

2. Elige **Usar una lista existente.**
3. Busca y selecciona tu archivo de *Excel* y pulsa **Abrir.**
4. Aparecerá la ventana **Seleccionar tabla:**

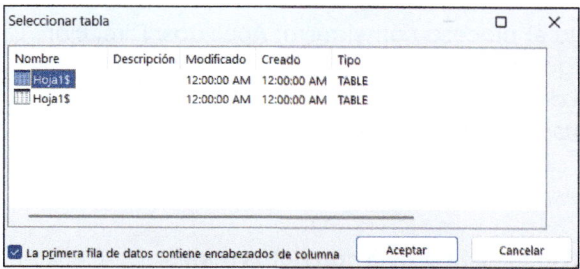

*El cuadro **Seleccionar tabla** permite elegir qué hoja o tabla del archivo Excel se usará como origen de datos para la combinación.*

- Marca la opción **La primera fila de datos contiene encabezados de columna.**
- Elige la hoja o la tabla correcta (por ejemplo, Hoja1$).
- Haz clic en **Aceptar.**

Con esto, Word ya está conectado a tu lista de destinatarios.

Paso 3. Insertar los campos de combinación en el texto:

1. Coloca el cursor donde quieras insertar un dato (por ejemplo, después de "Estimada").
2. Ve a **Correspondencia** → **Insertar campo combinado.**
3. Elige el campo que corresponda (por ejemplo, Nombre):

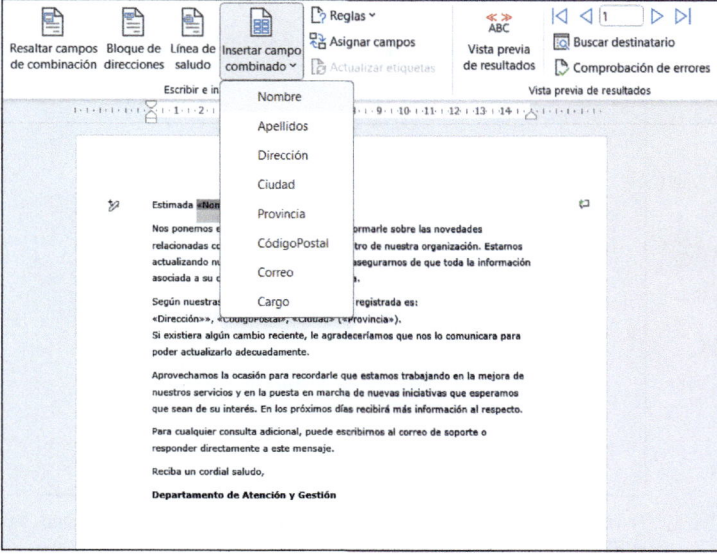

*La herramienta **Insertar campo combinado** permite colocar en el documento los datos personalizados procedentes de la lista de destinatarios.*

4. Repite el proceso con el resto: Apellidos, Dirección, Ciudad, Provincia, CódigoPostal, etc.
   En el documento verás algo así:
   Estimada "Nombre" "Apellidos"
   ...su dirección registrada es: "Dirección", "CódigoPostal", "Ciudad" ("Provincia").

Paso 4. Ver la vista previa con datos reales:

1. Haz clic **en Vista previa de resultados** (pestaña **Correspondencia**):

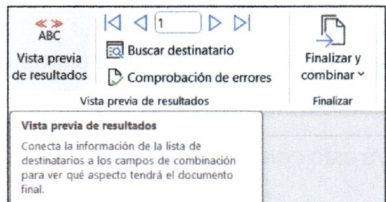

*La opción **Vista previa de resultados** conecta el documento con la base de datos para mostrar cómo quedará cada carta personalizada.*

2. La carta mostrará los datos reales del primer registro de la lista:

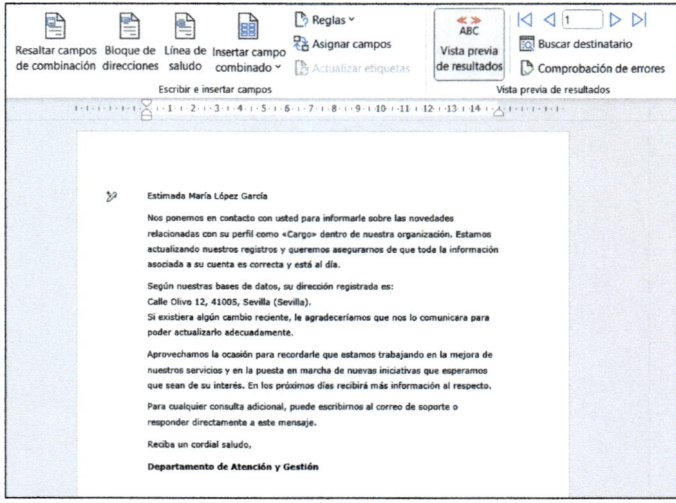

La vista previa aplicada permite revisar cómo se integran realmente los datos del destinatario en el documento final.

3. Usa las flechas de navegación (el cuadro con el número 1 y los botones de anterior/siguiente) para ver cómo cambia la carta para cada destinatario:

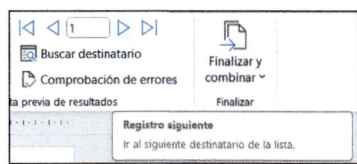

*El control **Registro siguiente** permite avanzar por cada destinatario de la lista para verificar los datos uno a uno.*

Así puedes comprobar que los campos están bien insertados y que el texto queda correcto.

Paso 5. Finalizar y combinar:

1. Haz clic en **Finalizar y combinar.**
2. Elige una de estas opciones:

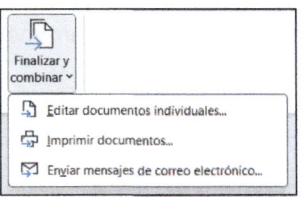

*El menú **Finalizar y combinar** permite generar los documentos finales, imprimirlos o enviarlos por correo electrónico.*

- ☻ **Editar documentos individuales...** → crea un documento de Word con todas las cartas generadas, una detrás de otra.
- ☻ **Imprimir documentos...** → envía directamente todas las cartas a la impresora.
- ☻ **Enviar mensajes de correo electrónico...** → usa el contenido para mandar correos personalizados.

Paso 6. Enviar por correo electrónico (opcional):

Si eliges **Enviar mensajes de correo electrónico...:**

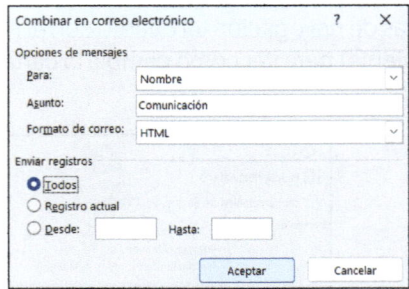

*La ventana **Combinación en correo electrónico** permite enviar mensajes personalizados directamente desde Word utilizando los datos del origen.*

1. En Para: elige el campo que contiene la dirección de correo (por ejemplo, Correo).
2. En Asunto: escribe el título del correo (por ejemplo, "Comunicación").
3. En Formato de correo: selecciona HTML para conservar el formato del documento.
4. En Enviar registros: deja **Todos** si quieres enviarlo a toda la lista, o indica un rango.
5. Pulsa **Aceptar.**

Word utilizará *Outlook* para enviar un mensaje personalizado a cada destinatario.

 **APLICACIÓN PRÁCTICA**

Alexandra quiere crear más de cien cartas personalizadas en Word utilizando una hoja de *Excel* con nombres, direcciones y correos. Al pulsar Seleccionar destinatarios, observa que Word ofrece tres opciones distintas para importar la lista.

¿Cuál de las siguientes afirmaciones describe correctamente cómo funciona la importación y gestión de listas de destinatarios?

• **Para usar una lista de *Excel,* primero es necesario convertirla a formato .mdb dentro de Word, ya que Word no puede leer directamente archivos de *Excel;* los contactos de *Outlook* solo pueden usarse si están previamente exportados.**

Continúa en página siguiente >>

<< Viene de página anterior

- **La opción Escribir una nueva lista se utiliza únicamente para importar bases de datos grandes, Usar una lista existente solo funciona con tablas de Word, y Elegir de los contactos de *Outlook* se limita a listas con menos de 20 registros.**
- **Usar una lista existente permite cargar directamente archivos de *Excel* o *Access,* Escribir una nueva lista abre un formulario para crear los registros desde cero, y Elegir de los contactos de *Outlook* importa la libreta de direcciones corporativa para seleccionar solo los contactos necesarios.**
- **Todas las opciones de selección de destinatarios producen el mismo resultado y solo cambian la apariencia del menú, ya que Word trata cualquier lista como un documento de texto plano.**

Solución

La tercera opción explica con precisión cómo funciona cada origen de datos.

Usar una lista existente permite abrir directamente archivos de *Excel* o *Access,* seleccionando la hoja y los encabezados correctos. **Escribir una nueva lista** crea un formulario interno para introducir nombres, direcciones o cualquier campo necesario. Y **Elegir de los contactos de *Outlook*** permite seleccionar únicamente a las personas que participan en la combinación.

----

5. Grabar y usar macros

☞ HILO CONDUCTOR

Al preparar informes semanales, Alexandra repite siempre las mismas acciones: aplicar el mismo estilo, insertar tablas, ajustar márgenes y generar ciertos apartados. Para evitar repetir este proceso, aprende a grabar macros que realizan todas estas tareas automáticamente. Al asignarlas a un botón, puede ejecutar todo el proceso en segundos, ganando tiempo y evitando errores de formato.

Las **macros** permiten automatizar acciones repetitivas mediante un sistema de grabación y ejecución automática.

NOTA

Con ellas es posible simplificar tareas, como aplicar un mismo formato, insertar elementos específicos, generar tablas o ejecutar procesos largos con un solo clic.

Word también permite editar estas macros desde el editor **VBA,** ofreciendo un nivel de personalización mayor para quienes deseen profundizar.

Asignar macros a botones, accesos rápidos o plantillas convierte Word en una herramienta mucho más eficiente, donde procesos complejos pueden ejecutarse de forma rápida, uniforme y sin errores.

5.1. Grabar macros para automatizar tareas repetitivas

Las **macros** permiten que Word 365 realice automáticamente una secuencia de acciones que normalmente tendríamos que repetir una y otra vez.

Son especialmente útiles cuando se trabaja con documentos que requieren los mismos pasos cada vez: aplicar un formato, insertar tablas, configurar un encabezado o generar apartados fijos.

La grabación funciona de manera muy sencilla:

⮚ **Paso 1.** Word registra cada clic, ajuste o inserción realizada durante el proceso.
Para ello, hay que hacer clic en **Grabar Macro,** en la pestaña **Vista:**

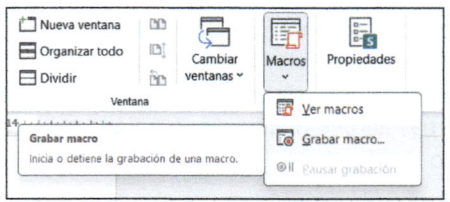

*El comando **Grabar macro** permite iniciar la captura automática de acciones para convertirlas en una secuencia reutilizable.*

➲ **Paso 2.** Una vez detenida la grabación, esa secuencia queda guardada como una macro que se puede ejecutar cuando se quiera.

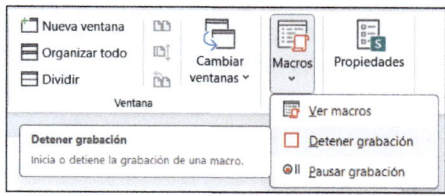

El panel *Macros* permite detener o pausar la grabación para controlar con precisión qué acciones se incorporan a la macro.

 **NOTA**

Esto ahorra tiempo, reduce errores y asegura que el resultado siempre sea igual.

Grabar una macro no exige conocimientos de programación. Solo hay que pensar en los pasos que queremos automatizar, iniciarla, realizar las acciones y detenerla cuando hayamos terminado.

5.2. Editar macros en el editor de VBA

Aunque grabar una macro suele ser suficiente, en algunos casos es útil **editarla** para ajustar detalles o añadir funciones más avanzadas. Word 365 permite abrir el **editor de VBA** *(Visual Basic for Applications)*, donde cada macro aparece convertida en un pequeño bloque de código.

Desde este editor se pueden corregir errores, añadir nuevas instrucciones, eliminar pasos innecesarios o incluso combinar varias macros en un único procedimiento.

NOTA

Para usar el editor VBA no es imprescindible dominar programación, pero sí conviene entender la estructura básica para realizar pequeños cambios con seguridad.

- -

La edición en VBA ofrece un nivel de control más preciso sobre lo que hace la macro y permite crear automatizaciones más flexibles.

Para ver el **editor VBA** necesitas activar la pestaña **Programador** *(Developer),* porque Word no la muestra por defecto:

- ⮕ **Paso 1.** Ve a **Archivo.**
- ⮕ **Paso 2.** Entra en **Opciones.**
- ⮕ **Paso 3.** Selecciona **Personalizar cinta de opciones.**
- ⮕ **Paso 4.** En la lista de pestañas, marca **Programador** o **Developer:**

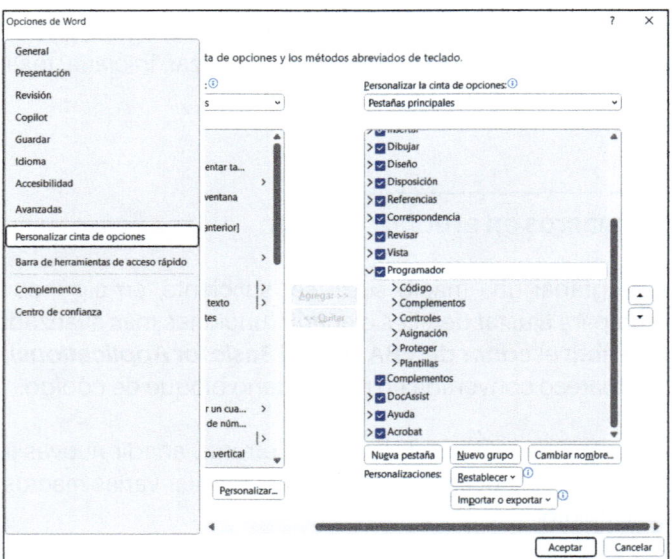

*La ventana de personalización permite activar la pestaña **Programador** para acceder a herramientas avanzadas como macros y Visual Basic.*

⊃ **Paso 5.** Acepta.

Al abrir la ventana **Editor** de *Visual Basic* para aplicaciones (VBA), se muestra el código real de las macros que se han grabado:

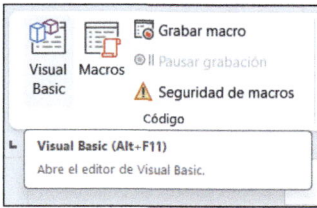

*La opción **Visual Basic** abre el editor VBA, desde el que se pueden modificar y crear macros manualmente.*

Todo lo que aparece en el editor es el resultado de tus acciones cuando pulsaste **Grabar macro:**

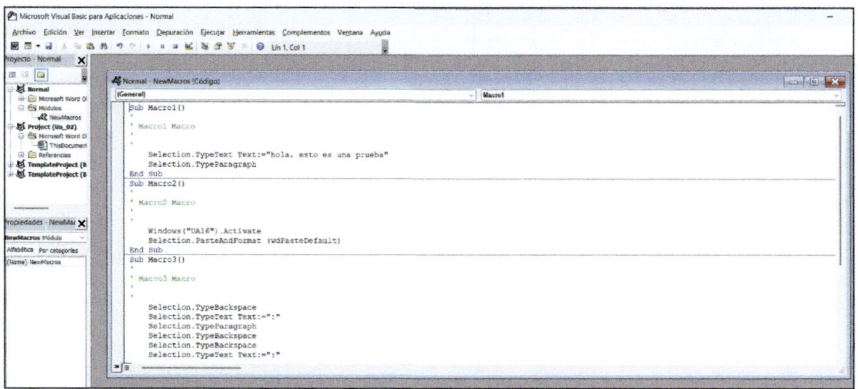

El editor VBA permite visualizar y editar el código de las macros grabadas para personalizar su comportamiento.

En este **entorno de programación de Word** es donde se pueden ver, editar o crear macros manualmente:

⊃ A la izquierda está el **Explorador de proyectos,** que muestra:

    ◐ La plantilla **Normal.dotm** (macros disponibles siempre)
    ◐ Otros documentos o plantillas abiertas

⊃ En el centro está el módulo de código, donde se escribe o aparece el código VBA.

5.3. Asignar macros a accesos rápidos, botones o plantillas

Una macro es más útil cuando se puede ejecutar rápidamente. Word 365 permite asignarlas a un **botón,** un **acceso rápido** o incluso integrarlas dentro de una **plantilla** para que cualquier documento basado en ellas pueda usarlas automáticamente.

NOTA

Asignarlas al acceso rápido (la barra superior) o a una pestaña personalizada facilita ejecutarlas con un solo clic.

- -

Al pulsar **Macros → Grabar macro,** Word muestra una ventana inicial donde puedes **nombrar la macro** y decidir **cómo quieres activarla después.** Esta ventana es el punto de partida de la automatización:

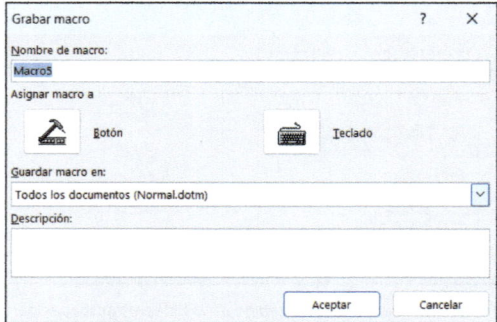

La ventana de grabación permite asignar un nombre a la macro y elegir si se ejecutará desde un botón o desde un método abreviado.

Aparecen tres **zonas clave:**

- **Nombre de macro.** Aquí escribes cómo se llamará la macro. Debe empezar por una letra y no puede llevar espacios. Ejemplos válidos:

    U Macro5
    U InsertarTabla
    U FormatoCorporativo

➲ **Asignar macro a... (Botón/Teclado).** Estas son las dos formas de decidir cómo se ejecutará la macro más adelante.

    U Opción **Botón**
    Al hacer clic en **Botón,** Word abre la ventana **Opciones → Personalizar barra de herramientas de acceso rápido:**

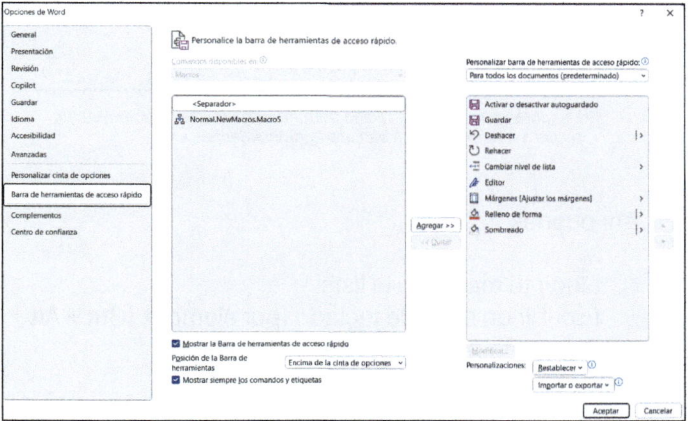

La barra de acceso rápido puede personalizarse para añadir macros y ejecutar tareas automatizadas con un solo clic.

    Ahí puedes:

    ⇕ Añadir la macro a la barra de iconos de Word.
    ⇕ Elegir su posición.
    ⇕ Seleccionar un icono para representarla.

    Cuando aceptas, aparecerá un botón visible para ejecutarla con un clic.

    U Opción **Teclado**
    Si eliges **Teclado,** se abre la ventana **Personalizar teclado:**

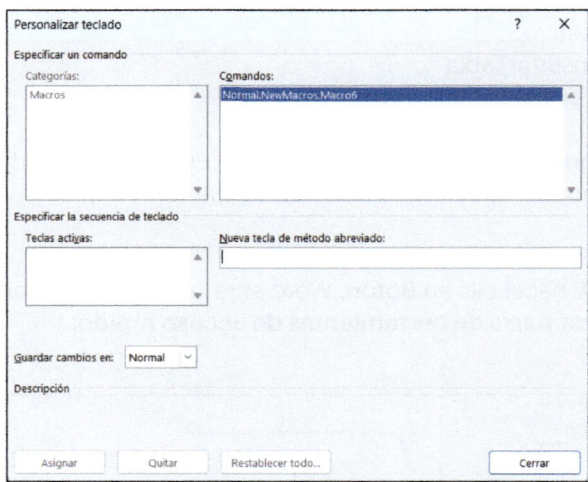

La ventana de personalización permite asignar una combinación de teclas a una macro para ejecutarla rápidamente.

Ahí puedes:

⇕ Elegir tu macro en la lista.
⇕ Escribir un atajo de teclado (por ejemplo, [Ctrl + Alt + M]).
⇕ Guardarlo para usarlo cuando quieras.

Así podrás ejecutar la macro de forma instantánea.

➲ **Guardar macro en...** Debajo aparece un desplegable con varias opciones:

◑ **Todos los documentos (Normal.dotm)**
La macro estará disponible siempre, en cualquier documento.
◑ **Documento actual**
La macro solo funcionará en este archivo.
◑ **Una plantilla**
Es útil cuando creas una plantilla corporativa con automatizaciones.

➲ **Descripción.** Es un espacio opcional para escribir para qué sirve la macro, que resulta útil si tienes muchas. Por ejemplo: "Inserta tabla corporativa con formato fijo y ajusta márgenes".

TAREA 4

Se proporciona el siguiente texto base para que el alumnado lo copie en Word:

Informe semanal de actividad

Este informe recoge las tareas realizadas durante la semana, así como los indicadores básicos de cumplimiento y las acciones previstas para el siguiente periodo. El formato debe aplicarse siempre del mismo modo para mantener una presentación unificada y profesional.

Apartados:

1. *Resumen general*
2. *Tareas completadas*
3. *Indicadores*
4. *Acciones para la próxima semana*

A partir de este documento, crea una macro que automatice el formato inicial del informe y asignarla correctamente según las opciones de Word (Botón o Teclado), tal como aparece en la ventana de grabación.

Cada informe debe incluir:

- El título centrado y en negrita
- Una tabla de 3 columnas × 4 filas

Además, explica en detalle el proceso que has seguido.

----

6. Resumen

Los documentos pueden gestionarse con mayor precisión cuando incorporan elementos que se actualizan de forma automática y mantienen la coherencia interna sin revisiones manuales. Para ello, Word utiliza marcadores, campos automáticos y referencias cruzadas:

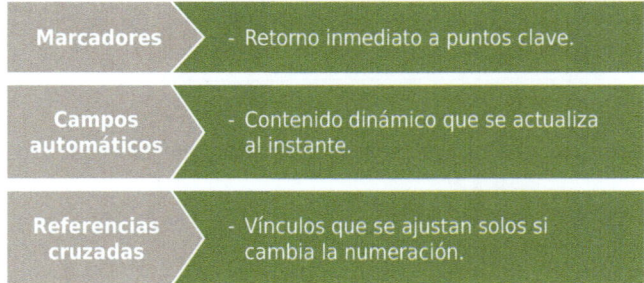

A partir de estas funciones, se facilita la creación de plantillas que unifican el diseño de todos los documentos. Al guardar como archivo reutilizable, cada documento nuevo conserva automáticamente el formato previsto. Los componentes habituales de una plantilla son los siguientes:

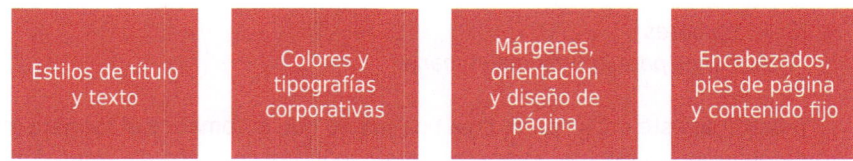

Word también ofrece plantillas prediseñadas con portadas, bloques de texto y estructuras profesionales ya configuradas. Para evitar modificaciones indebidas y garantizar que todos mantienen el mismo estilo, pueden aplicarse restricciones que limitan la edición o bloquean los estilos corporativos.

La personalización masiva se gestiona mediante la combinación de correspondencia, que conecta un documento base con una lista de datos procedente de *Excel, Access, Outlook* o una tabla creada en Word. En el texto se insertan campos de combinación que se sustituyen por nombre, dirección, correo o cualquier otro dato. El sistema permite ver una vista previa por destinatario y generar cartas, correos electrónicos, sobres, etiquetas o listados continuos sin duplicar trabajo.

La automatización se completa con el uso de macros, capaces de registrar paso a paso cualquier procedimiento repetitivo. Durante la grabación, Word almacena cada acción realizada y la convierte en código VBA editable, lo que permite ajustar o ampliar comportamientos cuando sea necesario. Estas macros pueden vincularse a botones visibles, atajos de teclado o plantillas corporativas para ejecutarlas con un solo clic y mantener procesos homogéneos.

Ejercicios de autoevaluación
Unidad de Aprendizaje 2

1. ¿Para qué sirve un marcador en Word 365?

    a. Para señalar un punto concreto del documento y poder volver a él con rapidez.
    b. Para insertar imágenes de manera rápida.
    c. Para aplicar formato de título automáticamente.
    d. Para convertir texto en tabla.

2. ¿Cuál de las siguientes opciones describe mejor los campos automáticos?

    a. Fragmentos de texto que nunca cambian
    b. Comentarios insertados por varias personas usuarias
    c. Elementos dinámicos que muestran datos como fecha, número de página o propiedades del archivo y se pueden actualizar
    d. Cuadros de texto con estilos prediseñados

3. ¿Qué ventaja principal ofrecen las referencias cruzadas?

    a. Permiten insertar imágenes en el encabezado.
    b. Guardan una copia de seguridad del documento.
    c. Eliminan automáticamente páginas en blanco.
    d. Actualizan números de títulos, tablas o anexos cuando cambia la numeración en el documento.

4. Indica si las siguientes oraciones son verdaderas o falsas:

    a. "Los marcadores permiten volver rápidamente a secciones clave del documento sin hacer búsquedas manuales".

        ■ Verdadero
        ■ Falso

b. "Los campos automáticos pueden actualizarse todos a la vez seleccionando el documento y usando la opción Actualizar campos".

- ■ Verdadero
- ■ Falso

c. "Las referencias cruzadas solo funcionan con imágenes, no con títulos ni tablas".

- ■ Verdadero
- ■ Falso

5. ¿Qué caracteriza a una plantilla corporativa en Word?

a. Es un archivo .pdf con texto protegido.
b. Es un documento vacío sin formato.
c. Es un modelo .dotx o .dotm con estilos, márgenes, encabezados, pies y contenido fijo reutilizable.
d. Es un documento que solo permite escribir en mayúsculas.

6. ¿Para qué se utiliza la opción Seleccionar destinatarios en la combinación de correspondencia?

a. Para elegir la impresora predeterminada.
b. Para cambiar el tipo de letra de la carta.
c. Para conectar el documento base con una lista de datos (*Excel,* nueva lista u *Outlook).*
d. Para convertir la carta en una plantilla.

7. Indica si las siguientes oraciones son verdaderas o falsas:

a. "Una plantilla bien diseñada incluye estilos, márgenes, encabezados, pies de página y contenido fijo reutilizable".

- ■ Verdadero
- ■ Falso

b. "Guardar un archivo como .dotx permite reutilizarlo como base para nuevos documentos con el mismo formato".

- ■ Verdadero
- ■ Falso

c. "No es necesario proteger las plantillas, porque ningún usuario puede modificar sus estilos corporativos".

- ■ Verdadero
- ■ Falso

8. ¿Qué acción realiza una macro grabada en Word?

a. Reproduce una secuencia de pasos (formato, inserciones, ajustes) de forma automática.
b. Crea una copia de seguridad en la nube.
c. Envía automáticamente el documento por correo.
d. Cambia el idioma del documento.

9. ¿Qué permite hacer la pestaña Programador *(Developer)* en relación con las macros?

a. Imprimir el documento sin márgenes.
b. Insertar portadas prediseñadas.
c. Acceder al editor de VBA para ver y editar el código de las macros.
d. Convertir el archivo en presentación de *PowerPoint*.

10. Indica si las siguientes oraciones son verdaderas o falsas:

a. "La combinación de correspondencia permite generar muchas cartas personalizadas a partir de un solo documento base y una lista de destinatarios".

- ■ Verdadero
- ■ Falso

b. "La opción Usar una lista existente permite conectar Word con archivos de *Excel* o *Access* ya creados".

- ■ Verdadero
- ■ Falso

c. "Las macros sirven para automatizar tareas repetitivas, pero solo pueden ejecutarse desde el editor de VBA, nunca desde un botón o acceso rápido".

- ■ Verdadero
- ■ Falso

Glosario

Campo automático
Elemento que inserta información dinámica, como fecha, autor, número de página o nombre del archivo, actualizable con un clic.

Cinta de opciones
Barra situada en la parte superior, que organiza los comandos en pestañas como Inicio, Insertar o Diseño.

Combinación de correspondencia
Proceso que permite generar documentos personalizados (cartas, etiquetas, sobres) a partir de un archivo base y una lista de datos.

Documento
Archivo de texto creado en Word que puede contener texto, imágenes, tablas, estilos y otros elementos.

Encabezado y pie de página
Áreas especiales en la parte superior e inferior del documento utilizadas para insertar números de página, títulos o logotipos.

Estilo
Formato predefinido que combina fuente, tamaño, color y espaciado, y que permite mantener uniformidad en títulos y textos.

Formato
Conjunto de características visuales del texto, como fuente, color, alineación, interlineado y sangrías.

Interfaz
Conjunto de menús, pestañas y herramientas que conforman el entorno visual de Word y permiten interactuar con el programa.

Macro
Secuencia de acciones grabadas y automatizadas que Word puede ejecutar en un solo clic para ahorrar tiempo.

Marcador
Etiqueta interna que marca un punto del documento para volver rápidamente a él sin tener que buscar manualmente.

Márgenes
Espacios en blanco alrededor del contenido del documento, configurables desde la pestaña Diseño.

Panel de navegación
Herramienta que muestra los títulos del documento y facilita desplazarse entre secciones largas de forma rápida.

Plantilla (.dotx/.dotm)
Modelo de documento con estilos, formatos o contenido fijo para crear nuevos archivos de manera uniforme.

Referencia cruzada
Enlace interno que señala títulos, figuras, tablas o notas, y que se actualiza automáticamente si cambia la numeración.

Tabulaciones
Puntos de alineación que permiten organizar texto en columnas sin usar tablas.

Bibliografía

Monografías

→ VV. AA.: *Word Microsoft 365: Domine las funciones avanzadas del tratamiento de texto de Microsoft®*. Barcelona: Ediciones ENI, 2024.

> Este libro ofrece una guía completa para profundizar en las funciones avanzadas de Word *Microsoft 365*, especialmente pensada para quienes ya conocen las bases del programa y quieren dominar herramientas profesionales. Explica las nuevas opciones de visualización, la gestión de versiones de un mismo documento y la edición de archivos PDF dentro de Word.

→ VV. AA.: *Word: versiones 2019 y Office 365*. Barcelona: Ediciones ENI, 2019.

> El libro presenta una explicación clara y progresiva de las funciones esenciales de Word 2019 y las diferencias respecto a su integración en *Office 365*. Describe la interfaz y las cintas de opciones, muestra cómo crear, guardar y modificar documentos, y enseña a insertar elementos rápidos, configurar el diseño de página e imprimir de forma correcta. También aborda el formato de texto, la creación de estilos y plantillas, la aplicación de temas y el uso de herramientas, como buscar y reemplazar, corrector ortográfico, sinónimos, traducción o división del documento en secciones.

Documentos electrónicos

→ Autoformación *Microsoft* Word 365, de:
<https://www.um.es/documents/d/autoformacion/manual-autoformacion-microsoft-word-365>.

> Es un recurso didáctico creado por la Escuela de Formación Continua de la Universidad de Murcia, que ofrece una explicación sencilla y directa de las funciones fundamentales de Word 365. Presenta el entorno de trabajo, las herramientas de edición básica, el uso de formatos y estilos, la inserción de distintos elementos y las utilidades necesarias para elaborar documentos académicos y profesionales.

→ *Office* 2019 vs. 365: Guía completa paso a paso, de: <https://elhacker.info/manuales/Ofim%C3%A1tica/Office_2019_vs_365_ Guia_completa_paso_a.pdf>.

Este manual compara de forma práctica y didáctica las versiones *Office* 2019 y *Office* 365, explicando sus diferencias, ventajas y modos de uso en un lenguaje accesible. Presenta paso a paso las herramientas esenciales de las aplicaciones más utilizadas —Word, *Excel, PowerPoint* y *Access*— y muestra cómo trabajar con cada programa aprovechando sus funciones, menús y opciones de productividad.